JN439921

문명의 정원에서 만난 사람들

_땅과 건물과 사람들의 아름다운 공존을 위하고,
중년들의 행복한 삶을 위하여

문명의 정원에서 만난 사람들

초판 1쇄 인쇄 | 2023년 02월 15일
지은이 | 이충재
펴낸이 | 이재욱(필명:이승훈)
펴낸곳 | 해드림출판사
주 소 | 서울 영등포구 경인로82길 3-4(문래동1가 39)
센터플러스빌딩 1004호(07371)
전 화 | 02-2612-5552
팩 스 | 02-2688-5568
E-mail | jlee5059@hanmail.net

등록번호 제2013-000076
등록일자 2008년 9월 29일

ISBN 979-11-5634-535-0

문명의 정원에서 만난
사람들
이충재 지음
해드림출판사

피조물의 제일 순위자

우리는 문명의 이기 앞에서 진실을 잃고 서로를 경계하면서 살아들 갑니다. 자신의 진짜 삶을 어디서 잃고 돌아와 슬픈 모습으로 외롭게 서성이는지, 타인을 지나치게 의식한 나머지 두려움과 불신의 숲에서 망가진 혹은 부러진 자기 정체성의 분신들을 주워 먹거나 챙겨, 주머니 속에 단단히 집어넣기 위해서 도심지의 비둘기처럼 부리가 뭉뚝해지도록 찾아 나서고 있는 모습을 만나기란 어려운 일이 아닙니다. 우리의 정신과 영혼의 판단력도 희미하게 빛을 잃고 말았습니다.

이 땅에는 문명이 눈부시도록 찬란하게 발전하고 있다고 하지만 정작 그 문명을 즐기고 이용하여 윤택한 삶을 살아야 하는 인간의 정신세계는 황폐해지고 무기력하며 분별력을 잃고 무엇이 진리인지, 거짓인지 구분하는 중심선을 잃고 표류하고 있습니다. 때론 표류 선상에서 아귀(餓鬼)다툼의 희생양이 되기도 하고 가해자가 되어 법적, 윤리적, 양심적 책임을 묻고 따져야 하는 심각한 현상을 낳고 말았습니다.

그런가 하면 슬프게도 생계형 실용 학문에 밀려 균형을 잃고만 인문학의 꼬리조차 발견하지 못하거나 그 그늘조차 찾아 안식을 누리지 못하는 무리가 아우성만 쳐댈 뿐, 삶의 철학과 가치와 인간의 도리와 참된 인생의 목표를 심각하게 잃고 말았습니다. 사회 구축망의 균형에 대한 계획안 마련이 전무한 까닭이며, 대안 없는 발전만 추구한 결과입니다. 인간의 중요성과 환경의 중요성보다는, 자본의 중요성만을 따져 챙긴 탐욕에 길을 잃은 리더들의 의식 부재와, 삶의 주인공이 되어야 할 인간의 삶을 충족시켜야 할 형이상학적 인생관이나 사상, 그리고 삶의 목적성과 방법론에 대한 가르침 내지 배움의 부재가, 적절치 못한 형이하학적 산물에 밀려 가치성을 잃은 까닭이기도 합니다. 이는 단 한 줄로 설명할 수 없을 만큼 심각한 문제와 심오한 대안을 모색해 삶에 다시 적용해야만 할 현실에 우리는 직면해 있습니다.

이 도서에서 다루기에는 시간상, 여건상 준비해야 할 모티프를 재설정해야겠기에 다음 도서에서 충분히 다루기로 하고, 이 도서에서는 그 일부로서 '집'과 '빌딩', '땅' 그리고 그에 소속되어 살아가는 모든 '사람들'의 생활과 '소유의식을 지닌 자들'과의 건강한 상호관계성의 재정립과 함께, 건강한 공동체를 이루고 살아갈 방법 모색에 대하여 충분히 다루어 보고자 합니다.

건물은 사회의 축소판이고 동시에 경제성장과 인간 행복의 축소 현장이라고 봐도 과언이 아닐 만큼, 모든 생명력과 관계성이 드러나 살아있는 생존영역입니다.

이 글은 30년 동안 직장생활과 인문학 현장에서의 글(시와 평론·서평·에세이·칼럼·인문학 강의 등)쓰기를 병행하여 오면서, 심각할 만큼 진행된 시대의 병적인 현상을 외면할 수 없어 가슴속과 일기장에 담아 오기도 했던, 간헐적으로 여러 곳의 지면을 통해서 발표한 사유의 결실을 종합적으로 분석하여, 한 권의 도서로 묶은 것입니다.

필자의 30년 직장생활은 단순히 물질을 충족하기 위한 생계형 삶만을 추구해 온 것이 아니고, 신앙인으로서와 문학인으로서의 가치 있는 삶을 동시에 추구하기 위하여 흘렸던 피와 땀과 눈물이 서린 노력의 산물입니다. 그로 인해서 가치 있는 삶을 살아야 할 만물의 영장으로서의 인간이, 그 주어진 삶을 잘 살아야 한다는 것을 주목적으로 삼았습니다. 그 중심에는 문명의 산물이자 재산 가치로서의 빌딩을 중심으로 횡행하고 있는, '갑'과 '을'의 원치 않는 불편한 관계성의 개선과 그 종사자들과 관계자들 –'관리 주체와 관리회사' 그리고 '공공기관들과의 관계성', '자아와 자아의 갈등' 등을 향한 개선에 그 무게를 두었습니다.

그리고 종사자들의 감정노동으로 인한 스트레스성에 대해서도 깊이 있게 의논하고자 했습니다. 종사들이 불편해한다면, 그들이 희망을 잃고 불행해진다면 그 불편함과 불행은 자신을 비롯하여 가족들에게도 그대로 영향력을 미치게 될 뿐 아니라, 사회와 민족의 건강성에도 치명적인 원인을 제공하게 된다는 점에서 이야기를 진행하여 나가려고 합니다.

이 문제를 다룸에 있어서 빌딩 매니저로서의 산업현장에서 직접적으로 맞닥뜨리며 경험했을 생존게임으로 인한, 이질적인 현상과 아픔과 고뇌와 불신과 사건 사고를 직접적으로 경험한, 당사자의 육성이라고 할 때, 가장 정확하고도 극명한 문제점을 개진할 수 있으며, 동시에 해결안을 찾아갈 수 있습니다. 더욱이 앞에서 설명한 바와 같이, 필자는 단순 노동자가 아닌 그 처절한 생계 현장에서 의미와 가치 행복을 찾아 길 떠나는 외로운 인문학자의 삶을 병행해 온 까닭에, 이 문제를 다루기에 충분히 적임자라고 생각합니다. 어쩌면 그 치부와 아픈 사회 현장을 다시 건드려야 한다는 점에서 더욱 곤고하고 아프겠지만, 대안을 모색해야 한다는 데서 누군가의 희생이 필요하다고 생각을 해 오고 있습니다.

이에 준비한 만큼 충분히 밝고 행복한 그리고 인간으로서의 자기 권리를 충분히 찾아 개개인 모두와 가정과 사회와 민족이 행복했으면 좋겠습니다. 아마도 시간이 부족하여 조금 더 소리를 담아낼 수는 없을지 몰라도, 일단 그 말 걸기를 누구든지 시도해야 해야겠기에 필자가 먼저 그 포문을 열어 드리고자 이 글을 준비하게 된 것입니다. 이점을 너그럽게 이해해 주시기를 부탁드립니다.

사람은 가장 고상하고도 신이 보시기에 심히 좋았더라고 칭찬을 받았던 피조물의 제일 순위자로서 평가받았던 것에 비하면, 21세기 오늘날의 인간은 과연 어떤 위치에 있으며 또한 그런 칭찬을 지속적으로 유지하고 살아갈 만한 존재인가에 대해서도 충분히 생각해 보고 싶었습니다.

우리의 주거공간으로서와 생활공간으로서의 건물과 업무를 수행해야 할 빌딩은, 또한 그 의미와 생명력과 건강성을 충분히 내포하고 있는가에 대해서도 한 번 깊이 있게 성찰해 보고자 함이, 이 글쓰기의 주된 목적입니다.

건물관리자들은 엄연히 어느 한 가족의 부양을 책임져야 할 가장이며 또한 자연인으로서와 한 국가를 책임져야 할 역군으로서의 분명한 사회인입니다. 그런 그들의 삶을 행복하게, 그리고 의미 있게 살아내야 할 의무와 책임이 그들에게 거룩하게 부여되었던 것도 사실입니다. 그런데 현실은 그들의 삶을 영위하는 삶으로서의 환경과 여건이 충분히 그리고 제대로 마련되지 않음 또한 풀어야 할 숙제이며 당면과제입니다. 이런 인적 구조와 사회구조를 가지고서는 건강한 부국강병, 사회복지국가를 꿈꾼다는 것 자체가 어불성설(語不成說)이 아닐 수 없습니다. 이 모든 문제로부터 시작해서 건강한 사회의 인간적 구조의 개선과 인간관계 그리고 건강한 자아의 나음을 위해서, 그동안의 삶의 과정을 통하여 슬픔과 아픔과 고독한 세월을 통하여 터득한 심기 불편함을 해소하고, 건강한 삶에 대해서 충분히 진단하고자 이 글을 쓰게 되었습니다.

이 부족한 글이, 건강하고도 아름다운 자기 삶과 행복한 가정을 만들어 가는데 꿈과 비전을 품고 살아가는 이 땅의 많은 셀러리맨과 가장으로서의 중년의 삶과 오너(owner)들께, 건강한 균형을 주문하는 취지로 토론의 단서를 제공하는 주제 설정 교안으로 평가받는다면, 더 바랄 것이 없이 기쁘고 만족스러울 뿐입니다.

우리 개개인의 자아가 충분히 행복했으면 좋겠습니다. 사회 또한 구성원들이 마음껏 꿈과 이상을 실현시키는 현장으로 평가받기를 원합니다. 고용인들과 피고용인들과의 관계 역시 상호협력하는 관계로써, 주종관계를 완전히 퇴치 극복하여 건강한 사회구조를 창조할 수 있기를 오랫동안 꿈꾸어 오고 있습니다.

저마다의 역할에 만족할 만큼 수행해 내는 개선안을 주문하고 싶습니다. 신앙인은 신앙인으로서, 종교인은 종교인으로서, 가르치는 자는 가르치는 자로서, 지성인과 지식인들은 건설적인 지적 정보와 대안을 제시해 주는 것으로 그리고 경제인과 정치인은 건강한 나라, 조직을 건설하기 위해서 리더십을 발휘하고 정책을 입안하여 애쓰는 그 모습을 다시 회복해야만 합니다. 그런데 이 시대는 어떻습니까? 모두가 제 역할로부터 심각하게 이탈하여 제 몫을 잃고 준비되지 않은 월권의 월권을, 압권의 압권을, 폭력의 폭력을, 변명의 변명을, 이기적 습성을 자행하고 있으니 문제가 심각하지 않을 수 없습니다.

저는 이 도서에서 그 모든 것의 결과물을 충분히 다루고 싶다는 희망을 품고 펜을 들고 있지만, 역량이 따라 줄지는 모를 일입니다. 그러나 누가 하든지 해야 할 책무이기에 문제를 충분히 제시하고자 함이 이 글의 또 다른 목적이라는 사실을 이해해 주시기를 부탁드립니다.

이 글은 총 4부로 나누어 실었습니다. 제1부에서는 "직장과 삶으로서의 공간"에 대하여, 제2부에서는 "'집'과 '빌딩'에 대한 사유"와 제3부에서는 "'집'과 '빌딩'에 공존하는 사람들 이야기", 제4부에서는 "영혼과 육체 그리고 건강한 삶"을 위해서 사유하는 시간을 갖기 위한 내적 토론의 주제로 다루었습니다.

이 도서에서 다루고자 하는 주제는, 순전히 현대가 놓치고 무작정 추종함으로써 잃게 되는 문명사의 긍정적인 것과 삶에 대하여, 편하게 사유하고 그 현주소를 한 번 다녀오고, 다녀갔으면 좋겠다는 목적으로 다루어 보고자 했습니다.

아무쪼록 21세기 이 시대를 살아가는 모든 이들이 건강한 자아, 가치관, 인생관, 관계성, 인격을 회복시켜 가시기를 기도드립니다.

2023년 1월 인창동 작은 마을 '이충재 시 치료 연구소'에서

이충재(시인, 문학평론가, 빌딩 매니저)

차례

제2부 주거 공간으로서의 공간에 대한 사유

제3부 공간에 갇힌 사람들 이야기

제4부 영혼과 육체, 삶의 치유

제1부

직장과 삶으로서의 공간

CF. 1.

삶의 배움터로서의 직장에 대하여

아열대성 기후의 영향권 안에 한반도가 놓여 있다는 반갑지 않은 기후 현상들이 세상 곳곳에서 빈번하게 그리고 확연하게 일어나고 있습니다. 대한민국과 인근 국가에서 일어나는 현상들만을 보더라도 의심의 여지가 없는 기후 변화의 결과를 피부로 느낄 수 있습니다. 사람뿐 아니라 자연계에서 일어나는 현상을 보더라도 명백한 결과물에 직면하고들 있다고 할 수 있습니다. 앞으로도 지속해서 한 번도 경험하지 못하였거나 어쩌다가 한 번 경험했던 기억에조차 희미하게 남아있는 경험을 다시 경험하게 되는 사건 사고들이 우리를 찾아와 괴롭히고 놀라게 할지도 모릅니다.

지구의 정착민으로서 우리가 적응해야 하고, 또한 라이프 스타일을 시급히 개선해야 할 과제를 떠안게 되는 그런 시대가 도래한 느낌이기도 합니다. 이와 시기를 같이하여 우리네 정신세계에도 이상기류가 흘러 인간성 상실을 톡톡히 경험함과 동시에 관계성에 심각한 균열이 일게 되고 그로 인해 두렵고 고통스러운 삶의 연쇄반응이 연일 매스컴을 뜨겁게 달구고 있음을 목격하고 있습니다. 이는 인간 스스로 신뢰성을 깨뜨리는 결과론적 반응이고 이로 인한 경계의 수위를 늦출 수 없는 지경에 이르게 되었음을 사회학자들은 곧잘 진단의 결과로 내놓고들 있습니다.

30여 년 직장생활을 해 오고 있는 나로서는 사회의 변화를 극명하게 인지하고 있습니다. 그 이유는 인문학의 영역에서 30여 년 동반된 삶을 살아오는 까닭이기도 하지만, 신앙과 문학이란 장르를 병행하여 작업하면서 살아오고 있다는 점에서 자연스럽게 진단의 결과를 품어오게 된 계기가 되었습니다. 이런 일련의 삶이 인성의 변화, 문화의 변화, 관계성의 변화 등 다양한 기류를 감지해 내는 것은 이상할 것도 없는 아주 자연스러운 풍조가 되었습니다.

그런 삶을 살아오는 제가 직장을 바라볼 때, 직장은 삶의 중요한 배움터임이 틀림없습니다. 학교 교육의 초·중·고·대학 생활의 16년의 과정이 획일적, 순위를 정하거나 안정적 직장을 위한 학습에 초점이 맞춰진 채, 마음을 다스리고 그 마음으로 시대를 읽어낼 고차원적 문화적 학습을 비롯하여 철학이나 인간학 또는 인생관과 삶으로부터 파생되는 현상들과 조화로운 삶을 살아가는 방법론을 가르쳐 주지 않은 여전히 획일적인 방향을 향한 모순점을 양산해낸 결과론적인 것을 감안할 때, 직장은 가치 있는 저마다의 실제적인 삶을 위한 재 학습장이 되어야 한다는 필요 충분 조건을 낳고 있습니다. 이는 단순히 식생활만을 위한 삶이 아닌 인문학을 통한 삶의 가치, 인간의 의미를 창조하고 살아가야 한다는 과제와 목적의식을 깊이 있게 느끼고 살아가는 중년의 몸부림이자 애씀이 낳은 교훈에서 비롯되었다고 봐야 할 것입니다.

단순히 직위 체계의 수직 상승과 철밥통 개념의 직장생활만을 삶의 목표로 삼았다면 아마도 이런 말 한마디 꺼낼 수 없었을 것이지만, 그런 삶을 넘어선 의미와 가치 있는 삶을 추구해 온 까닭에 충분히 이 화두에 대하여 애착을 품고 자신 있게 이야기할 수 있다고 봅니다.

단순히 생계유지만을 위해서 중년 시기를 살아왔다면, 그다지 큰 의미는 발견하지 못하였을지도 모릅니다. 단순한 행복이 아닌 가치와 의미 있는 형이상학적 인간의 행복과 가치가 담긴 삶을 살아왔다는 측면에서 감사의 고백을 멈추지 않는 것이기도 합니다.

제러미 벤담이 주장한 공리주의자는 아닐지라도 창조주께서 창조한 인간으로서의 최대 가치 행복을 위한 물음을 지속적으로 던지면서 그 질문에 스스로 정직한 답을 제시하면서 살아온 까닭에 놀라운 변화에 이르게 된 것입니다.

이는 단순한 소망만을 노래하고 살아온 것이 아니라 청소년 시절부터 써 온 자기 고백적 '일기' 쓰기와 '인문학'을 비롯한 '문학' 도서를 40여 년 써 왔고 독서 해왔다는 그 하나와 사유적 삶을 충분히 병행하고 인문학의 꽃이랄 수 있는 시문학 등 에세이와 철학, 신학 등 인문학 도서를 탐구의 수단으로 삼아 온 이력을 통해서 볼 때, 충분히 가치 있는 삶, 유익한 인간의 삶을 향한 목표를, 그 이질적인 현상을 담론화할 수 있다고 확신합니다. 그 확신이 이 글을 쓰게 한 것이라고 봐도 과언은 아닙니다.

이는 단순히 몇 권의 처세술의 도서를 읽었다고 해서 이루어지는 것이 아닌 자연스러운 삶을 위한 자기 노력을 위한 각고의 희생과 시행착오를 점검하고 재정립하는 노력이 수반되지 않으면 단순 모방에 머물러 허튼소리나 지껄이고 말게 될 것입니다. 또 애써 살아오지 않았더라면 삶을 향한 참된 의미와 진실과 가치를 상실한 채 생존게임을 연출하고 그 대가로 일부의 자본만을 축적하는 인생에 머무르게 되었을 것입니다.

직장생활은 사회의 중심지이며 동시에 삶이란 핵심 그 환경을 연출한다는 점에서 본질적인 인생 학교(Life school)임이 틀림없습니다.

직장생활하면서 보지 말아야 할 것과 하지 말아야 할 것, 만나고 싶지 않은 사람들의 관계 등을 재설정하는 노력과 그 과정에서 일어나는 각기 다른 현상들을 충분히 그리고 정확하게 진단하는 능력을 얻게 됨은 물론 그릇된 문화를 향한 분별력도 자연스럽게 체득하게 된 것입니다. 물론 충분한 자기 검증 능력이 뒤따라야만 한다는 것을 전제로 하고 싶습니다. 그런데 이 검증 능력을 배양하기 위해서 잊지 말아야 할 것은 자기 공부, 자기 노력이 수반되지 않으면 그릇된 문화가 낳은 불온한 사상에 몰입되어 스스로가 파멸이란 무의미한 삶의 주인공이 되어 사회를 교란시키고, 사회 질서를 무너뜨리고 인간관계로부터 오는 신뢰에 치명적인 상흔을 드리우는 죄인이 되어 환영받지 못할 손님 대접을 받게 될 것입니다. 이는 타인뿐 아니라 자신의 생명을 죽음으로 몰아넣는 어처구니없는 결과론에 직면케 된다는 사실로 받아들여야만 합니다.

직장은 자기 주도적으로 선택할 수도 있지만, 대부분 사람이 자신의 의도와는 관계없이 선택되는 경우가 흔한 경우를 낳기도 합니다. 사실 본인도 모르게 혹은 현실로부터 오는 다급한 조건을 성취할 목적으로 그리고 여타 다른 이유와 조건으로 인해서 선택하고 몸담아 오는 경우가 더 많은 것이 사실입니다. 그래서 이직자들도 속출하는 것입니다. 이를 개선하기 위해서는 다음의 것을 지켜가야 할 지속적인 노력과 용기가 필요합니다.

자기에게 주어진 직장에 최선을 다하면서 동시에 자기 자신만을 위한 정체성을 견고하게 설정해 놓고 자기 개발에 최선을 다할 때 비로소 자기만족에 이르게 되고, 행복한 인생을 잘살고 있다고 스스로가 고백하고 그 경험을 기꺼이 나눌 수 있는 넉넉한 여유가 있는 그런 삶을 타인들과 공유할 수 있게 되는 것입니다.

그런 의미에서 볼 때 직장은 분명히 말하건대 인생 학교임이 틀림없습니다. 직장 상사 혹은 동료, 선후배, 고객이 선생이며 조교이며 또한 동료 수강생입니다. 그들이 서로 연합하여 아름다운 인생을 리모델링 해나갈 때 사회는 건강성을 되찾고, 행복의 노래가 곳곳에서 청아하게 울려 퍼지게 되는 것입니다.

그런데 불행하게도 이 울림, 이 고백이 생명을 낳아야 할 동기나 동력으로서 그 기능을 잃게 된다면 그 한 사람뿐만 아니라 가족, 사회, 국가는 경쟁력을 잃고 불행의 연속 선상에서 슬피 울면서 이를 갈게 될 것이며, 그 무엇을 찾지 못해 유리 방황하는 불행한 여정을 마치게 될 것입니다. 이것을 깊게 우려하는 것입니다.

필자는 1993년 7월 1일에 비로소 직장에 입문하게 되었으며, 1994년 7월에 시인으로서 문단 활동을 시작하게 되었습니다. 금융위기가 한참 한반도 국민을 괴롭힐 1999년 말경 시집《붕어빵 장수와 시인》(베드로서원)을 출간하여 동료 직장인들과 이 땅의 중년 가장들을 위로하는 당사자로서 과업과도 같은 책임성을 느끼고 숙제요 부채의식을 가지고 인문학과 생계를 병행하여 진행해 오고 있습니다. 아래의 시는 IMF 말기 당시 위의 시집에 수록한 한 편의 시입니다. 그 예에 해당하는 시이기에 소개해 드립니다.

강남역 7번 출구로 나오면
보도블록 위를
병든 사람들인 양 좌판이 군데군데 쪼그리고 앉아서
간밤 때 절은 옷을 갈아입는다
목청을 돋아
낮은 포복으로 땅바닥 위 먹이를 연신 쪼아대는
비둘기 떼는
인기척을 잃었다
고막 마저도 잃었다
무거운 걸음으로 다가서도
등허리가 굽은 기형아들처럼 납작하게 엎드려
저들의 분신을 쪼아대고 있다

사람 사는 일도
도시의 비둘기처럼 납작이 포복을 하고
의식주에 과녁을 맞추고 살아간다
영혼의 깊이와 조율은
부초인양 언제나 표류하고
나 또한 먹이만을 쪼는 도시의 비둘기 같은 사람들 가운데서
파란 하늘을 보는 노력을 하며 산다
들녘을 품는 노동을 하고 있다
내일 아침이 열리면

납작이 포복을 하고 보도블록 위 먹이를 쪼는
비둘기 곁을 지나듯이
의식주에 과녁을 맞추고 사는 사람들 가운데
홀로 남아 있으리

-이충재의 시
<도시의 비둘기 2> 전문(시집《붕어빵 장수와 시인》)

이후 자신의 의도와는 관계없이 직장을 떠나게 되었습니다. 그때도 낙심하지 않고 끊임없이 책을 읽고 글쓰기로 가장이자 중년으로서의 원동력을 잃지 않기 위해서 애를 써 왔습니다. 그 결과물로《가정의 건축가인 아버지의 영성회복》(지구촌가정사역원)을 출간하여 가장의 중요성과 중년의 역할론에 맞는 책임을 다하기 위해서 노력해왔습니다.

"사람들의 최상의 휴식 공간은 어디인가? 삶의 가장 기초적인 에너지의 근원은 어디에서 나오는가? 사람이 추구하는 가장 큰 행복은 어디로부터 오는가? 건강한 사회를 이루는 가장 최소 단위는 어디인가? 바로 가정이다. 가정이 바로 서지 않고서는 최상의 휴식공간도, 에너지의 근원도, 가장 큰 행복의 출발점도, 건강한 사회도 만들어지지 않는다. 사회의 최소 단위인 가정의 회복을 위해 지금의 가정을 진단하고 그에 맞는 처방을 내려야 한다. 많은 사람이 이구동성으로 가정의 해체로 청소년 문제가 심각하다고들 한다. 사회학자, 교육학자, 심리학자 등 가정의 중요성을 이미 깨닫고 살아가는 지식인들 또는 지성인들은 이 현안에 대해서 각기 다른 진단과 처방을 내리고 있다. 그러나 극히 미온적이요. 이론적이라는 데 문제가 있다. 가정 문제의 올바른 처방전은 그 문제의 심각성을 가장 가까이서 느끼고 경험하는 이들로서의 아버지들이 감당해야 한다. 그 아버지들이 중년이라면 어떻게 할 것인가?

-《가정의 건축가인 아버지의 영성 회복》 머리말 중에서

이 책 역시 잃어버린 가장(家長)의 자리를 발견해 내고, 가장이 중심이 되어 건강한 가정을 이끌어감과 동시에 국가의 허리 역할 자로서의 원동력을 제공하기 위함이 큰 목적이었습니다.

"나는 아버지입니다. 아버지가 살아야 가정이 삽니다."
"우리 가정은 아직도 공사 중입니다."

이 구호는 아직도 잊혀지지 않고 생생합니다. 그만큼 한 가정을 이끌고 살아간다는 것은 어려운 일이 아닐 수 없습니다. 위의 두 개의 구호를 지닌 채 주어진 역경을 극복하기 위한 에너지를 쉼 없이 공급하는 자기 노력에 온 힘을 기울여왔던 삶을 잊을 수 없습니다.

인생에서의 문제는 다 존재하기 마련입니다. 무엇보다도 중요한 것은 삶을 바라보는 시야의 폭과 세상에서 일어나는 온갖 현상들을 충분히 잘 진단하려는 노력과 초감각적 능력을 소유했는가가 더 중요한 것입니다. 이러한 솔선수범의 행위가 뒤따르지 않는다면 그 문제에 짓눌려 우리는 실패의 아픈 고배를 마시게 될 것입니다. 불행이 몰고 온 장애를 넘어서지 못하고 낙오자의 삶을 살 수밖에 없습니다. 우리는 끊임없이 꿈을 꾸어야 합니다. 다만 이상 세계와 현실에서 일어나고 발생하는 현상들과 충분히 균형을 이루어야만 건강한 오늘을 살아낼 수 있음을 잊지 않아야 합니다.

다시 원점으로 돌아가서 생각해 보기로 하겠습니다. 직장은 이 시대를 살아가는 사람들에게는 둘도 없이 자기 진단과 연단을 시킬 만큼 소중한 현장임이 틀림없습니다. 직업의 귀천을 따지자는 것이 아닙니다. 자기 개발 요건을 충족시켜 줄 조직으로서의 직장을 말하는 것입니다. 여기서 자기 개발의 요건을 충족시키는 것은 타인의 노력이 아닌 소속감을 중시해야 하고, 그곳에서 자기 노력을 통한 개발을 충족시켜야 하는 의미로 들으셔야 합니다.

사회는 다양한 채널로 연계된 하나의 거시적 공동체로서 자신이 마음만 먹고 결심만 하면 언제든지 자기 개발 할 기회가 주어지게 되어 있습니다. 어떤 이들은 근시안적인 앞의 과업에만

연연하거나, 물질적 혹은 지위의 수직적 행보에 눈이 어두워 궁극적인 자기 개발에는 단 한 발자국도 나서지도 못한 채 탐욕에 길들여 살다가 실패를 경험하고 힘든 인생을 살아가는 사람들도 쉬 목격하곤 합니다. 이들은 곧 후회막심의 삶으로서 자신의 남은 생애를 불행하고도 초라하게 허비하는 모습을 발견하게 됩니다. 이것이 바로 불행한 자의 말년의 모습입니다.

그렇다면 말년의 행복, 일생 인간이 추구해야 할 가치와 의미 있는 삶을 위해서는 직장에서의 삶을 아주 잘 계획하고, 그 청사진을 마련하고 그 계획된 초안에 근거하여 노력하여 자기만의 색깔을 그려내고, 그 무늬를 잘 간직하고 따라가서 준비된 삶을 위한 건강성과 행복, 내적 멋을 창조하면서 살아갈 충분한 에너지를 충전하는 훈련을 거듭해야만 합니다. 자기만의 정신적 에너지를 보관하고 보충해야 할 견고한 탱크를 품고들 살아야 합니다. 이것이 바로 자신의 인생을 책임질 줄 아는 궁극적이며 동시에 긍정적 삶을 살아가는 제 일 순위에 링크되는 행복한 사람의 참된 모습입니다. 그런 의미에서 직장은 참으로 중요합니다. 직장을 상대적 비교 선상에 올려놓고 불만족과 불평으로 일관하지 않으시기를 당부드립니다.

저는 직장을 아주 중요하게 여기는 사람 중 하나입니다. 그만큼 적지 않은 삶을 직장에서 보내왔습니다. 나름으로 최선을 다하는 태도로 많은 것을 보고 느끼고 배워왔습니다. 이는 긍정적인 삶의 교훈을 비롯하여 부정적인 면도 상당히 많이 목격한 바 있기에 조화로운 생을 진단해온 것 또한 변명의 여지가 없는 분명한 사실입니다. 최대한 자기 발전을 꾀하는 동시에 가장으로서 부양가족을 위한 생계의 단위인 식량과 인간 복지의 에너지원의 공급처로서도 최선의 경주를 아끼지 않았음을 확신하는 것입니다.

많은 사람을 볼 때 직장을 단순 경쟁을 낳게 하는 공간으로만 보거나 오직 생계의 수단을 충족 받기 위한 동물적 감각만을 가지고 살아가는 경우와 맞닥뜨리는 모습을 빈번하게 그리고 요란스럽게 내보이고들 있습니다. 사람은 동물군에 속해 있기는 하지만 사회적 동물이란 점에서 문화와 격이 있는 삶으로서의 질서가 있고, 감성적 이성적 조화의 결과물을 가지고 아름답게 살아내야 하는 특징을 보여주어야만 합니다. 그렇지 않고 먹이사슬만을 형성하고 자기 탐욕을 추구하면서 세월을 허송하다 보면 스스로가 불행한 요소만을 낳게 됩니다. 그뿐만 아니라 타인의 영혼과 식솔들의 관계성까지 말살시키는 아주 위험한 대항마가 된다는 점을 잊지 않으시기를 부탁드립니다. 여기서 우리가 기억할 것은 인간으로서의 감성과 이성의 조화를 잃게 되고 절제력과 이해력을 잃게 된다면 생명 가진 모든 동물군을 총망라해서 가장 두렵고 무섭고 잔인한 피조물로 평가받게 될 것입니다. 사실이 그렇습니다. 이것이 21세기 오늘의 현실임을 부인할 수 없습니다.

극한 경쟁주의, 이윤추구의 임계점을 지향하는 것이 기업의 생리라고 하겠지만, 그것은 기업의 생리일 뿐, 종사자들의 생애 중 절대적인 목표가 되어서는 아니 된다는 것입니다. 기업의 이윤을 추구함과 동시에 조직 구성원으로서의 자기 발전을 꾀하는데도 정성을 들여야 한다는 것입니다.

그런 의미에서 볼 때 직장은 자기 자화상을 정확하게 진단하는 객관적 시험장임과 동시에 훈련장이 되어야 합니다. 그 직장의 중요성과 동시에 필요성을 한 번 생각해 보기로 하겠습니다.

첫째로는 엔도르핀 생산기지로서의 직장입니다

우리는 간혹 직장에서 뜻하지 않은 일로 자신의 일상과 이성과 자존감을 심하게 침해당하는 것들을 대항하여 대처해야 할 병기로서의 안식과 태도와 시간과 절대적 자기 내성(耐性)이 필요합니다. 저도 예외는 아닙니다. 문제는 그 문제를 어떻게 대처하는가의 자기 마음의 결정이 중요하다고 봅니다. 언젠가 직장에서 큰 공사가 있었습니다. 마침 토요일이 주중 가장 한가로운 날이라, 이날을 택하여 공사하기로 하고 임했던 것입니다.

저의 업무는 필요한 제품이 제대로 입고되어 공사 현장에 안착했는지 수량을 파악하는 것과 일정을 체크하는 것이었습니다. 오후 5시가 되어서야 간신히 기계의 몸체를 안착시키는 일에 성공했습니다. 사진 촬영을 하면서 공사의 진행 상황을 두뇌 속에 입력시키는 내내 안전사고 하나 없이 일사불란하게 움직이는 공사 팀원(도비를 포함한 기계 조립공과 관리자)들의 모습을 보면서 반했던 적 있습니다. 그러니까 다른 사람들은 휴일에 출근하는 것을 부담스럽게 생각하겠지만, 저는 그들의 팀워크를 즐기고 있었던 것입니다.

그리고 많은 것을 느낌으로 받았습니다. 어떤 업무, 직급, 연봉의 큰 혜택을 받느냐에 따라서 자존감이나 행복의 척도가 결정되는 것이 아니라, 어떤 마음과 태도로 그 업무에 임하느냐에 따라서 행복이 결정된다는 사실을 기억해야만 합니다. 이러한 생각과 가치관에 영향을 받을 때야 비로소 그가 내적 멋을 창출하고 동시에 프로의식을 가지고 살아가는 진짜 가치 있는 인생의 리더라고 할 수 있습니다. 모든 행복과 멋, 그리고 자존감은 바로 그런 의식 있는 사람에게서만 발견되는 것과 그들에게만, 찾아온다는 것과 그의 몫이 된다는 명백한 사실을 기억해야만 합니다.

이해를 돕기 위해서 또 다른 경우도 말씀드리겠습니다. 대표와의 불협화음으로 불편했던 일화입니다. 그룹 회장의 자산을 관리하는 저는 그 해당 업무의 제반 사항을 제가 속한 계열사의 직장 대표의 결재를 통해서 보고하는 구조였습니다. 그러던 어느 날 회장의 자산관리에 부담스러운 업무가 있어서 대표에게 보고했더니, 직접 회장에서 보고하여 업무적 해결을 보라는 웃지 못할 지시를 받게 되었습니다. 궂은일에 관한 결정을 회피하는 행위라는 것을 직감했습니다.

다시 말하면 지휘 체계를 무시한, 부담스러운 업무를 하지 않겠다는 책임 회피성 부끄러운 직장 상사를 대면하게 된 것입니다. 몹시 불편했지만, 마음을 모질게 먹고, 단독적으로 행동에 돌입하고자 생각을 전환하기로 한 것입니다. 자기 책임을 회피하고 즉 채찍은 피하고 당근만을 소유하겠다는 탐욕은 상사로서의 그릇된 모습인 관계로 거리낌 없이 단독 결재하게 된 것입니다. 결재 라인의 대표를 패싱하고 회장에게 단독으로 보고하여 선의의 결과를 끌어낸 경험이 있습니다.

그 이후로도 이런 일이 한두 번이 아니었습니다. 대표와의 갈등뿐 아니라 직급 상사와도 그런 갈등은 지속적으로 일어났습니다. 이는 모두가 자기 책임을 다하지 않겠다는 책임 회피성 책임 전가로부터 오는 사라져야 할 용기 없는 행위인 까닭에 이들을 정면으로 대면하여 스스로 선의의 업적을 이루어 낸 일화도 잊을 수가 없습니다.

그런가 하면 어렵고 힘든 일을 만나면, 그 일을 맡긴 사람이나, 그 일의 난이도에 따라서 불평이 가중되는 사람들도 있습니다. 어떻게 하면 그 일을 피할 수 있을까와 좀 더 안이하게 처리할 수 있을까에 대한 궁리를 모색하며 순간을 모면하려고 의식적으로 애쓰는 사람들도 있습니다. 이 두 부류인 삶의 결과는 결코 단순하지 않습니다. 그들과의 삶의 차이는 아주 선명한 컬러를 드러내게 되어 있으며, 그들이 새겨놓은 삶이란 무늬의 선명도 또한 크게 달라지는 것을 느낄 수가 있습니다. 이것이 바로 삶의 멋이며 가치이며 더불어 행복임을 직감하게 될 것이고, 그들을 통한 귀감(龜鑑)이 되어 주변을 더욱 아름답게 만들어가는 동기부여가 된다는 것도 기억하시기 바랍니다. 어쩔 수 없는 자기 주도적 삶을 자신 있게 살아가는 가의 여부를 결정하는 기준점이자 용기가 된다는 점을 기억하시기를 부탁드립니다.

비록 주말을 별도의 수당 지급 없이 온전히 직장에 헌신했으나 돌아오는 마음은 기뻐 어쩔 줄 몰라 하는 자신을 발견할 수 있었습니다.

직장은 배움의 터전이며 동시에 엔도르핀 생산기지임이 틀림없습니다. 다만 자신이 마음과 의식을 어디에다 두고 살아가는가에 따라서 천국과 지옥을 결정짓는다는 것을 잊지 않으시기를 바랍니다.

건전하고도 긍정적인 그 무엇인가에 몰입할 수 있다는 것은 감사할 일임이 틀림없습니다. 이렇듯 생활의 감동을 차곡차곡 쌓아가는 사람들의 삶은 결코 가난할 수 없다는 것도 아울러 기억해 주시기 바랍니다. 이 모든 것을 직장에서 배우고 느낄 수 있다면 직장의 의미가 새로워질 요소를 지니기에 충분하다는 결론에 이르게 됩니다.

직장은 단순히 생계 수단만을 이룩할 장소로서 만의 영역이 아닌 우리 정신세계를 풍요롭게 할 전진기지이자 생활연구소가 된다는 점입니다.

때로는 상처와 반감 그리고 혐오감도 더불어 느낌으로 다가와 몹시 슬프고도 마음 아프기도 하지만, 이 또한 삶 속에서 맞닥뜨리는 일종의 관계로부터 오는 지극히 인간적 속성이라고 할 때, 피해갈 이유가 없는 다분히 우리가 극복해야 할 장애물에 불과할 뿐입니다. 영웅이 따로 존재하는 것이 아닙니다. 우리가 바로 그 영웅이며 동시에 삶의 주인공입니다.

둘째로는 의미와 가치 있는 관계를 위한 장소로서의 직장입니다

현재를 살아간다는 것은 연습이 아닌 실전이기에 참으로 고단한 것이 사실입니다. 특히 자본주의가 급속도로 발전이란 미명 아래 시대의 다양한 변화를 리드한다는 점에서, 익숙한 것과의 결별 아닌 결별을 선언해야만 현실을 따라갈 수 있다는 것으로 인해 더더욱 피로도가 가중되는 것은 사실입니다. 또한, 제대로 익숙해지지 못한 현실을 돌아볼 때 밀려오는 고뇌의 연속일 수밖에 없습니다. 특히 21세기 자본주의의 부정적, 비판적, 획일적 속성이 인성을 파괴하고 이기적인 습성과 관계성보다는 물과 불을 가리지 않고 개인적 혹은 집단적 성취(공)만을 강요할 때 삶의 의미를 찾아 인내하기란 여간 어려운 것이 아닙니다. 상당히 많은 공동체의 목적성이 변질하고 참된 리더들이 점점 사라지고 그 뒤를 잇지 못하는 것을 보면서 참으로 슬퍼할 수밖에 없는 것이 현실입니다.

30여 년 직장생활을 병행하고, 인문학의 길을 걸어오면서 각종 언론에 의미 있는 칼럼을 쓰고, 강의하는 일련의 과정을 통해서 시대의 뒤란을 뒤돌아볼 때, 직장은 자기 나름대로 의미를 창조해갈 지평 선상에서 만나게 될 오아시스임이 틀림없습니다. 이것이 바로 관계성 개선(자기 자신의 단점과 모난 성향의 소유자들과의 관계 선상에서 자신을 갈고닦는 절차탁마(切磋琢磨)의 과정을 통해서 인내력을 길러 자신의 모난 부분을 개선하는 훈련의 여정으로 삼아야 할 일입니다)의 궁극적 삶을 낳게 하는 동기가 됩니다.

누구에게나 공평한 인생의 시간이 주어졌습니다. 문제는 그 주어진 시간을 어떻게 잘 활용하느냐에 따라서 자기 행복, 삶의 가치가 달라진다는 것입니다. 특히 직장인들에게는 많은 시간을 직장이란 공간에서 머물게 됩니다. 그런 까닭에 수평, 수직적 관계를 어떻게 개선하는가에 따라서 직장생활의 만족도와 이후로 찾아오게 될 개인의 삶에 상당히 많은 영향력을 미친다는 것도 잊지 않아야 합니다.

열심, 섬김, 최선, 창의적, 성과, 승진, 고액의 연봉 등은 살아오면서 가장 많이 들어보는 용어입니다. 그렇다고 그 모든 것이 우리 삶의 가치를 결정짓는 것도 아닙니다. 그러나 이 시대는 이와 같은 용어들이 우리의 일상적 삶 속에서 치명적인 결과물을 드리울 때가 있다는 점도 간과해서는 안 됩니다. 그만큼 직장이란 조직을 앞에 두고 주고받는 감성 언어와 이성적 언어의 충돌이 빚어내는 소리가 심각하게 괴리감을 동반한 정신적 갈등과 아픔이 되어 그 한 사람의 일생을 몹시도 어지럽게 뒤흔들어 놓는다는 것이 사실이 되었습니다. 그 고통이 온통 한 사람의 일상을 볼모로 잡고 일평생 조정하며 부정적 모습으로 길들여간다는 것입니다. 그러므로 사회가 병들어간다는 것은 누가 보더라도 자명한 결과를 드리울 수밖에 없는 노릇입니다.

직장인은 매일 규칙적으로 스스로 삶과 정신과 생활영역과 말의 사용법과 이미지를 점검하고 긍정적인 삶을 향해 나가려고 독려하지 않으면 난감한 상황에 직면하게 됩니다. 늘 자신의 이미지를 위해서 선한 노력을 기울여야 하는 이유가 바로 이에서 난다는 사실을 잊지 않으셨으면 합니다.

화장실을 방문했을 때 맞닥뜨리는 거울이어도 좋습니다. 커피숍 계산대 앞에서 보게 되는 타인의 손거울이어도 괜찮습니다. 더욱이 뉘 집 상점 창문에 비친 자신을 반추해 보는 것도 좋습니다. 신앙적 기도의 시간을 통한 자아를 충분히 진단하는 것도 좋습니다. 잠시 집을 나선 여행지에서 자신과 가족과 이웃하는 관계성 짙은 사람들에 대하여 생각해 보는 사유(색)의 시간이어도 좋습니다. 타인에게 냉정하게 자신의 이미지에 대해서 물어가는 것도 좋은 일입니다. 어떤 방법으로든 자신의 이미지를 잘 관리하여 자신을 바로 세워가는 일에 우리는 최선을 다해야 합니다.

이뿐 아니라 직장 일로 인해서 역기능적 감정이 몰려와 몹시 분노가 일게 되어 자신을 몹시 괴롭히거나 참을 수 없도록 어려운 상황으로 몰고 갈 때, 자신을 위로하고 달래 줄 시간과 공간을 생각하고, 이유를 생각하고, 탈출구로 삼을 좋은 부수적인 도구들을 생각해야 하며, 좋은 추억들과 선한 이미지를 떠올려 분노와 아픔과 역경을 희석시켜 주는 도구로서의 그 무엇인가를 찾아내어 기능을 역 전환 시켜야만 합니다.

신변에 힘겨운 일이 발생하게 될 때, 직장에서 집으로 직행하는 여과 장치를 거치지 않고서는 역기능적 결과물로 인해서 자신에게나 가족에게 절대적으로 부정적인 결과를 낳게 합니다. 그러므로 자신이 직면한 안 좋은 감정을 만져줄 공간과 시간적 정신적 여유와 자신의 속내를 들어 줄 사람들이나 사물, 취미, 여가가 절대적으로 필요하므로 그들과 사귐을 지속적으로 가져가는 것도 중요합니다. 그러한 대상을 찾아 스스로 위로하고 위로받고 귀가하는 것이 좋습니다. 그 대상이 책이어도 좋습니다. 운동 시설이어도 좋습니다. 가벼운 여행이어도 좋습니다. 조용한 찻집에서 음악을 들으면서 스스로 위로하고 다독여가는 단

골집 선술집이어도 좋습니다. 영화나 연극, 작은 음악 콘서트장을 잠깐 다녀와도 좋습니다. 아니면 맛있는 음식을 가볍게 사 먹고 귀가해도 좋습니다. 어떤 방법으로든 자신의 역기능적 환경으로부터 오는 두뇌 속 앙금과 마음에 켜켜이 쌓여있는 부질없는 속성들을 깨끗하게 씻어 낼 필요성이 있습니다. 그렇지 않다면, 역기능적 환경으로부터 만들어진 부정적 성향이 돌출하여 여러분을 조종하기를 반복적으로 할 것입니다. 그로 인하여 찾아든 일상은 자신의 인성을 망가뜨리는 일뿐 아니라 가정을 병들게 하고 사회를 파멸에 이르게 하는 주요 원인으로서의 나쁜 손이 되어 여러분의 삶에 심한 상처를 낼 수 있음을 기억하시기 바랍니다.

보충적으로 더 설명하자면 다음과 같습니다. 심각한 정신적 스트레스가 찾아오면 남들이 모르는 자신만의 독특한 공간으로서의 아지트 역할이 될 레저 공간이나 선술집, 자신을 존재케 했던 모교나 교회이어도 좋고, 커피 한 잔 마시면서 자신을 위로할 분위기 있는 커피숍이어도 좋고, 스스로 위로와 힘을 줄 한적한 공원의 안락한 벤치여도 좋습니다. 영화와 연극 등 공연을 통하여 자신을 돌아볼 여유 혹은 자신의 인생 관점의 리모델링을 위한 한적한 공간을 정해놓고 방문 또는 가볍게 산책을 즐기면서 사유의 힘에 의존하는 것도 추천하고 싶습니다. 이 외에 족구나 가벼운 산책로를 찾아 사색의 여유를 지니는 것도 바람직합니다. 이 모두는 제가 수시로 생활화해 오고 있는 레저 생활의 목적으로 충분하게 검증이 된 까닭에 여러분에게 강력하게 권해드리고 싶은 자기 스트레스 관리법입니다.

이 시대는 자신의 문제나 삶의 견고한 망루를 세우기 위해서는 자신이 솔선수범하지 않으면 이웃하는 그 누구도 먼저 나서서 도움을 주지는 않습니다. 용기 있는 결단을 지니시기를 당부드립니다.

이 모든 문화가 바로 직장을 중심으로 이루어진다는 것과 직장 주변을 리드해 나가는 가장 중요한 비결이 된다는 점 하나만으로도 우리는 직장에서 최선의 의미를 찾아갈 이유를 발견하게 되는 것입니다. 이것이 바로 직장이 우리 선남선녀(善男善女)들에게 모두 유익한 공간이며 공동체로서의 의미를 지니게 되는 장소이자 수단의 공간이 되는 것입니다.

셋째로는 가치 행복을 위한 대상으로서의 일과 사람입니다

지금은 자가용을 이용하여 출근과 퇴근을 할 수밖에 없는 대중교통의 장애를 느끼고 있는 직장에 몸담고 있습니다만, 그 이전까지는 대부분 직장이 대중교통으로 전철과 버스에 의존할 수밖에 없었습니다. 많은 인파와 각기 다른 성향의 사람들 그리고 성별로 인해서 적지 않은 시시비비를 경험 한 바 있습니다.

일일이 나열하지 않아도 대중교통을 이용하여 출근과 퇴근을 반복적으로 하거나 경험한 바 있는 분들이라면 충분히 깨달은 바 있으리라 믿습니다. 요즘 시대는 과거의 그 어느 불특정 시대보다는 더욱더 예민하고 시비가 불일 듯 일어나고 그 결과로 과격해져 사회의 심각한 문제로까지 대두되고 있다는 점을 염두할 때, 서로가 조심하고 배려의 미덕을 익히지 않으면 안 되는 상황이 사회 곳곳에서 심심치 않게 발생하고 있습니다.

알랭드 보통는 『일의 기쁨과 슬픔』(은행나무)을 통해서 일의 의미에 대해서 다음과 같이 들려주고 있습니다. 마음속 깊이 새겨들어야 할 대목입니다.

"우리의 일은 적어도 우리가 거기에 정신을 팔게는 해줄 것이다. 완벽에 대한 희망을 투자할 수 있는 완벽한 거품은 제공해 주었을 것이다. 우리의 가없는 불안을 상대적으로 규모가 작고 성취가 가능한 몇 가지 목표로 집중시켜 줄 것이다. 우리에게 뭔가를 정복했다는 느낌을 줄 것이다. 품위 있는 피로를 안겨줄 것이다. 식탁에 먹을 것을 올려 놓아줄 것이다. 더 큰 괴로움에서 벗어나 있게 해줄 것이다."

일도 삶과 생계를 위한 것이고, 수직적 관계를 염두에 두고 열심을 내며 모험을 하는 것도 사실 알고 보면 더 고차원적인 생계를 위한 또는 일의 중요성을 알게 하는 것임을 부인할 사람은 없을 것입니다. 그러나 무엇보다도 이러한 목표설정이 우리의 삶 전체를 지배한다면 순서를 바로잡아야 할 것이고 목표를 재설정해야만 한다는 것을 권면하고 싶습니다. 사회적 동물인 까닭에 일을 필수적으로 할 수밖에 없는 것이 사람의 일이고 보면 일을 하지 않는 사람은 먹지도 말라는 명언을 귀담아들어야만 합니다. 그럴지라도 일이 가장 우선시 될 수 없는 것이 인간에게만 있는 일임을 인지해야만 합니다. 사람인 까닭에 더욱이 사회적 관계를 중요시 여기며 그 관계 속에서 참된 의미를 발견하고 개선하여 가치 행복을 추구해야 하는 유일한 피조물로서의 인간이기에 포괄적 의미의 관계 개선을 위해서 인간이 배우고 동원해야 할 모든 것을 적용해야 함이 우선시 되어야만 한다는 말입니다.

대한민국 사람들은 본래 부지런함이 몸에 깊게 배어있다고 세계적으로 정평이 나 있습니다. 세계 어느 곳을 가더라도 그 가치나 정평은 손색이 없을 정도로 브랜드화되었으며 또한 제법 많이 알려져 있습니다. 문제는 삶의 질을 향한 문화생활, 인간의 가치 적용 그리고 관계성을 도모하고 실행하는 데는 여전히 미흡하다는 점이 옥에 티처럼 각인되어 있어서 아쉽습니다. 이는 우리나라 교육문화의 소홀함 내지 잘못된 점을 지적하고 있다는 점에서 공교육과 사교육 그리고 정책과 가정교육의 지향점에 있어서 하루빨리 개선해야만 하는 아주 심각한 문제점이라고 할 수 있습니다. 이러한 모든 문화가 직장에서도 역기능적 결과물을 낳게 된다는 점이 눈시울을 뜨겁게 합니다.

알랭드 보통의 저서에 나오는 사람들과 대한민국의 직장인들을 비교하면 자연스러움과 부자연스러움 사이로 난 건널 수 없는 다리를 왕복하는 것처럼 느껴지는 것은 참으로 아쉬운 일입니다.

부둣가에서 화물선을 기다리는 인부들과 물류창고에서 묵묵히 자기 일을 하는 사람들과 회계부서나 항공 혹은 전기 선로를 담당하거나 비스킷 공장의 직원들이나 그림을 그리는 사람들에게 있어서도 여유와 자연스러움이 곧 그들의 삶인 것처럼 부럽게 느껴지는 것을 볼 수 있습니다. 누구도 강압적이거나 부담을 주지는 않지만 아주 자연스럽게 자신에게 주어진 삶에 최선을 다하고, 자연스럽게 귀가를 합니다. 그리고 남은 시간을 자신을 위하고 가족과 함께 행복하고도 자유롭게 즐기는 모습을 봅니다. 직업의 귀천 의미를 찾아볼 수 없는 여유가 그들 생활을 리드하는 것을 보면서 참으로 부럽기까지 합니다.

우리의 과학 기술이 아무리 발전하고 고차원적인 결과들을 가져다준다고 해도 분명한 것은 우리 행복의 임계점에 이를 수 없다는 것이고, 인간으로서의 최대 행복을 줄 수는 없다는 것을 기억해야 합니다.

노동의 현장에서 가장 주목해야 할 특징은 결국 내적인 것에서부터 오는 정신의 힘이 반드시 수반되어야만 합니다. 그것이 바로 우리를 행복하게 해주는 비결로서의 자기 믿음이며 삶을 향한 확신이며 동시에 자유로부터 얻어진 삶의 깊은 여유이어야 합니다.

어느 나라, 어느 사회이든 삶에 있어서 많은 시간을 지배하는 것은 일이고 또한 직장에서의 업무를 수행하면서 보내야 하는 부담스러운 상황일 수밖에 없습니다. 그러나 일이 마치 형벌의 일종이나 스트레스를 가중하거나, 한 사람의 영혼을 강박(强迫)함으로써 참된 자유를 빼앗는 동기가 되거나 압박의 수단으로서 강행하는 과정이 되어서는 안 된다는 것이 저의 마음이며 의지입니다. 이 또한 사회학자들이 지향하는 바이기도 합니다. 그러나 문제는 이 원칙이 잘 지켜지지 않는다는 데 있습니다. 이러한 직장문화, 일 문화로서 인간에게서 참 행복을 빼앗아가는 원인이 되고 있다는 데서 현대사회, 직장의 문제로서의 심각성으로 대두되고 있는 것이 사실입니다.

오카노 마사유키의 『목숨 걸고 일한다』(세종서적)가 좋은 예가 될 것 같아 소개해 드립니다. 오카노 마사유키는 일본의 기업인이기도 합니다. 그는 종업원 6명을 가진 동네 공업소 규모이면서도 연간 6억 엔이라는 어마어마한 이윤을 올리는 초일류 장인이기도 합니다. 1945년에 초등학교를 졸업한 후, 학업을 그만

두고 가업을 도우면서 제조업에 뛰어들었습니다. 1972년 아버지로부터 사장 자리를 빼앗는 쿠테타를 일으킨 후, 오카노 공업사를 설립했던 인물이기도 합니다. 그는 설립 초기부터 매출이 아닌 수익을, 허세보다는 실력을 중시하는 풍토를 세웠습니다. 그 때문에 거품 낀 사장이란 호칭 대신 '대표사원'이란 직함을 쓰고, 변화를 중시하여 피와 땀을 흘려 개발한 노하우도 3년만 지나면 팔아버렸습니다. 그는 "아무나 할 수 없는 일을 한다!"라는 모토 아래, 창립 이래로 휴대폰, 워크맨, 의료기기, 전투기, 우주선 등에 들어가는 수많은 기술과 부품을 개발했으며, 휴대폰 소형화에 절대적인 리튬 이온 전지 케이스를 개발하면서 일본 모바일 혁명의 일등 공신으로 매스컴의 주목을 받기 시작한 주인공입니다.

우리가 오카노 마사유키에게서 본받아야 할 바를 분명히 알아야만 합니다. '목숨 걸고 일한다'라는 개념 뒤에서 찾게 되는 여유와 집념 그리고 일과 일상적인 조화 등으로부터 자신 삶의 가치와 더불어 직원들의 희망과 자부심을 행복으로까지 끌어 올리는 절대적인 역할을 했다는 것입니다.

이 단원을 마치고 잠시 쉬어갈까 합니다. 그 사이 여러분과 한 가지만 더 생각하고 싶습니다.

우리 모두 예외 없이 죽음 앞에 선 단독자이며 동시에 고독한 피조물입니다. 죽음을 비켜서 살 위인은 아무도 없습니다. 그래서 인간 개인으로서 그뿐 아니라 가족, 이웃하는 공동체의 일원으로서 수평적인 관계도 잘 이루면서 살아가야 할 과제를 낳게 되는 것입니다. 결국, 자기에게 주어진 유한한 삶을 잘 살다가 임종을 맞이해야만 인사유명(人死遺名) 호사유피(虎死留皮)의 가치를 다하는 피조물로서의 현대인들이 되는 것이라고 믿고 싶습니다. 이것이 이 땅에 존재케 한 창조주의 뜻임을 잊지 않아야 합니다.

말기 환자의 고통을 덜어주는 일을 했던 호스피스 전문의원인 오츠 슈치이는 그의 저서 『죽을 때 후회하는 스물다섯 가지』에서 다음과 같이 말을 하고 있습니다. 그중 하나만을 소개해 드리면 다음과 같습니다.

"죽도록 일만 하지 않았으면 - 요즘은 일이 곧 인생이라고 믿는 사람들이 예전보다 많이 줄어들긴 했지만, 그래도 현대인의 노동시간은 여전히 길다. 물론 회사 일에 파김치가 되면서도 열정적으로 취미를 즐기는 사람들도 있다. 그러나 대부분 사람은 과중한 일에 치여 취미나 여가 생활을 즐길만한 시간과 여유를 잃고들 살아간다. 그러나 일이 인생의 전부라고 믿었던 일 중독자는 열이면 열 모두 숨을 거두는 마지막 순간에 반드시 후회했다. 병에 걸려 입원과 퇴원을 반복하다 보면 절대 일을 할 수 없다. 일이 자신의 전부라고 생각하며 살아온 사람들은 일을 하지 못하면 삶의 의미를 상실하고 좌절한다."

일은 단순히 살아있는 자들이 해야 할 여가 중 하나이어야 하며 최소 생계와 복지를 위하고 사회의 발전을 위해서 해야 하는 인간의 도리로 책임이 따르는 것입니다. 그 이상의 행위를 요구하는 중독 수준에 이르게 된다면 그때는 일이 아닌 자신의 생명을 압류당하고 고통을 강요하는 현대 문명의 괴물에 농락을 당하게 되는 것입니다.

가족을 지킨다는 허황한 명분에 취해서 가족과 가정을 잃고 끝내는 자신의 꿈과 행복을 잃게 된다면 그처럼 어리석은 인생이 되고 말 것입니다.

『부유한 노예』(김영사)의 저자 로버트 라이시는 미국 클린턴 행정부에서의 노동부 장관이란 중요 보직을 맡아 자국과 행정부를 위해서 열정을 쏟던 유명정치인입니다. 어느 날 아침 그의 막내아들과의 대화 중 충격을 받고 사표 낼 결심을 합니다. 아빠의 얼굴을 보지 못하는 날이 잦은 막내아들은 저녁에 자신을 깨워 달라는 부탁하고 잠이 듭니다. 그 이유는 아버지가 언제 집에 들어왔으며 나갔는지를 알지 못하는 아빠를 향한 관심과 사랑을 체크하고 테스트하기 위함이었다는 것을 나중에야 알게 됩니다. 그 이유를 듣게 된 아빠 로버트 라이시는 출근하자마자 미 행정부에 사표를 던지고 평범한 가장의 자리로 돌아와 전직인

교수 직무에 전념함으로써 충실한 아빠와 가장의 삶을 살게 되었다는 이야기입니다.

우리가 행복한 가정의 일원이자 건강한 자연인으로서의 한 생애를 살기 원한다면 거룩한 삶의 목표지향점을 향하여 인생 시간표를 조정하고 그 마땅한 지침을 마련하고 실생활 속에서 수행하기 위해서 노력해야만 할 것입니다. 그를 위해서 용기와 지혜를 구하시기 바랍니다. 그렇지 않는다면 우리는 자신과 가족에게 그리고 이상적인 삶을 추구하는 건강한 불특정 다수의 사회인 편에서 이방인으로 추락하게 될 것이며, 영원한 자유인의 반열에서 추방당할지도 모른다는 것을 기억해 주시기 바랍니다.

CF. 2.

직장 선택에 대하여

부끄럽게도 직장 선택에 있어서 나 역시 실패를 인정하고 싶다는 솔직한 자기 고백을 남기겠습니다. 물론 그렇다고 실패한 인생이란 것은 아닙니다. 나름 궤도를 이탈하지 않으면서도 그 모순을 향한 해결방법을 모색하여 의미 있는 그리고 가치 있는 삶을 충분히 살아오고 있다는 증거입니다.

그러나 직장 선택에 실패하였다는 것에 대하여는 약간의 예시나 변명이나 고백은 하고 넘어가야겠습니다. 지나치게 서둘렀다는 선택적 신중함이 결여된 과정으로부터 얻은 직장에 대한 성적표입니다(물론 그 단점과 실패를 만회하기 위해서 나름대로 공부를 하고 독서와 깊은 사유적 철학서들이나 인문학서 그리고 사상서들을 탐독함으로 인해서 생계의 현장에서 낙오자가 아닌 나름대로 인문학적 가치 있는 결과물들을 남기곤 했습니다. 그 과정과 산물은 기회가 된다면 여러분들에게 상세하게 들려 드릴 것입니다. 그날을 함께 기대 하겠습니다). 그 상황을 다 설명할 수는 없지만, 진실한 이유와 상황에 대해서는 추후 들려 드릴 그날이 있기를 기대해 봅니다. 조금 밝히자면 다음과 같을 것입니다.

단 하나 사랑하는 사람과의 가정을 빨리 꾸리고 싶은 마음에 서둘러 선택한 직장에 대한 아쉬움이 많이 남는다는 말부터 남겨야겠습니다. 그렇다고 오늘날 그 걸어온 길을 후회하는 것은 아닙니다. 그 직장의 선택적 미숙함으로부터 오는 아쉬움을 인문학적 꿈과 희망으로 하나둘 채워갈 수 있었고, 그 노력이 적성에 맞지 않은 직장생활을 건강한 마인드로 살아오게 할 수 있었으며, 그 직장을 통해서 사람과 일과 시대를 진단하는 능력과 분별력을 키울 수 있었으며, 오늘의 나를 만들기에 충분히 애를 썼기 때문입니다

아무튼, 직업의 선택은 참으로 예민하고도 중요한 결과물이 아닐 수 없다는 것은 분명한 사실입니다.

다만 그 사실을 모르는 사람은 없다 하겠으나 저마다 선택에 있어서 성공과 실패를 수없이 경험하는 것이 또한 삶이고 인생이 아닐까요. 다만 간 극을 성실하게 메워가는 자기 노력이 끊임없이 진행된다면, "실패는 성공의 어머니!"란 말이 선명하게 가슴에 새겨지게 될 것이고, 그 이후의 삶이 그 누구보다도 진정

성이 돋보이고 자랑스러워 힘찬 행진곡과 희망가가 절로 흘러나오게 될 그런 삶의 주인공으로서 자존감 충만한 삶을 살게 될 것입니다. 저에게도 분명한 꿈이 있었습니다. 다만 그 꿈의 절반은 이루고 남은 절반을 이루지 못한 채 저 세월의 유속에 따라서 유유히 흘러와야 했습니다.

그래도 후회는 하지 않습니다. 이루어 놓은 반쪽짜리 꿈이 오늘의 나를 행복하게 만들어 줄 필요충분조건을 모두 갖추었기 때문입니다. 현실의 직업은 그렇게 중요하지 않다는 결론입니다. 그 뒤에 숨겨진 잠재적 꿈을 현실과 접목시켜 얼마나 잘살아내는가가 오늘 우리 삶의 가치와 행복을 측정하는 유일한 저울추로서의 수단이 되기 때문입니다. 많은 사람이 대기업 위주 혹은 철밥통 개념의 공무원을 선호하는 것이 사실이지만, 그 또한 꼭 바람직한 선택이라고 보지는 않습니다.

그 이유는 뒷장으로 가면서 서서히 그리고 진실하게 설명해 드리겠습니다. 어쨌거나 사람에게는 특별한 꿈 하나쯤은 품고 살아가면서 그 꿈이 자라 자신의 인생의 숲이 되어 자연으로부터 오는 신록과 단풍 우거진 풍경을 자신의 영역으로 여기면서 살아가는 과정을 지켜보는 것이 참된 행복이요 성공적인 삶을 잘 살아내는 과정이자 결과임을 잊지 않으시기를 당부드립니다. 또 지친 세상의 이웃하는 모든 사람에게 인간 숲을 조성해 동고동락(同苦同樂)하며 쉬게 하는 안식 공간의 창조자라며 그들의 기억에 아로새겨질 것입니다. 그렇다면 이 부분에서 대해서 서너 가지 더 생각해 보겠습니다.

첫째로는 직장 선택과 올바른 인간관계입니다

나의 유소년 시절의 꿈을 생각해 보면 경제적인 부를 창출하는 길과는 애초부터 거리가 있었던 듯 보입니다. 유년 시절의 삶이 분명히 처절하게 가난했음에도 불구하고 부유한 삶을 인생의 목적이나 허황한 꿈의 제일 순위에 두지 않은 것에 대해서는 저 역시 의아하게 생각하지만, 아무튼 부자로 살아야겠다는 물질의 성공적인 삶과는 거리가 먼 것이었음은 분명합니다.

그렇다고 인생이란 청사진으로서의 밑그림이 잘 그려졌다고 자부할 수도 없는 역경의 세월을 살아온 것이 사실입니다. 자칫 바람 따라 물 따라 살아가는 것이 삶이 거니 생각하며 의욕과 비전이 없이 근근이 살아왔다고 할 수도 없습니다.

어쨌거나 내가 선택한 직장은 나름 절대적인 감정노동을 요구하여 피로도가 극히 쌓여 병원 신세도 져야만 했을 만큼 인간관계, 갑과 을의 불편한 관계 그리고 일정 부분 하자로부터 오는 건물 유지보수(누수 등)에서 오는 고통과 노동의 강도가 또한, 그렇습니다. 과로사에 버금가는 노동으로 목숨을 잃게 되는 동료 직원들도 보았으며, 화재로 인한 재산상의 사고와 낙상사고로 유명을 달리한 사례 등도 보기 드물게 맞닥뜨려야만 했습니다.

이뿐 아니라 관공서와의 관계성 등 불편한 일들이 주마등처럼 스쳐 지나가는 것을 볼 때 여전히 그 트라우마는 저의 일생 떼려야 뗄 수 없는 아주 가까운 사이가 되었음을 느낄 수도 있습니다.

동시에 대한민국 사회가 처해 있는 축소판으로서의 현 상황을 진단하는 기준이 되었다고 봅니다. 갑질로서의 가진 자들의 언어폭력과 무지한 이들의 우격다짐으로 인한 다툼도 경험한 바 있습니다. 그렇다고 해서 지금까지 몸담아 온 직장을 터부 시 할 수만은 없다고 생각합니다. 그만큼 삶이 만만치 않은 여정임을 말씀드릴 수 있습니다. 이는 모든 직종이 정도의 차이는 있을지 몰라도 대동소이(大同小異)하다는 것을 증명하는 것으로 봅니다. 그럼에도 불구하고 나름으로 극복하고 30여 년 동종 업계에 몸담아 오고 있는 저의 모습을 바라볼 때 스스로가 대견스러워 홀로 웃어 보일 때가 종종 있습니다.

한때 저의 직장은 그룹사를 이룰 만큼 승승장구하는 모 회사였지만, 당시만 해도 가장 막내로서 규모상으로는 가장 작은 계열사에 불과했습니다. 그만큼 당시 기업이라는 목표의 기준이 되는 재정상이나 수익 창출 기업으로 볼 때 타 계열사보다는 늘 열악하였으며, 기업 이윤도 성대하게 창출하지 못하는 비공식적 이윤만을 추구하는 그런 직장으로서 시시비비(是是非非)의 연속 선상에 놓여 있는 빌딩 매니지먼트사였습니다.

늘 자존감을 잃지 않았음은 전장에서 설명한 바와 같이 내 반쪽의 꿈, 인문학의 꽃인 시인(詩人)과 문학평론가가 되어 직장생활에서 자존감이 넘치는 생활을 해왔다는 것이고, 그 반쪽 꿈이 그룹 사보에 대서특필되어, 물질과 직위보다도 더 아름답고 가치 있는 직장생활의 첫 출발이란 기동 엔진이 되어 주었기 때문입니다.

좀 더 설명하자면, 꿈을 이루고, 이미 지면을 통해서 이름 석 자와 그 꿈의 산물로서의 작품이 곳곳에 실려 나오는 과정을 통해서 삶에 자신감이 넘쳐흘러, 그 누구의 갑질 논란이나 갑의 위치로 압박해와도 그들을 대면하여 굴하지 않았다는 것입니다. 그만큼 가치 있고 의지가 뚜렷한 행복한 인생을 살아오고 있다는 자존감 극치의 삶을 살았기에 가능했다고 보면 맞는 말입니다.

이뿐 아니라 직장생활 중, 시간을 아껴서 하고 싶은 공부도 열심히 하였으며, 동시에 글을 읽고 쓰고 강의까지 할 기회가 마련되었다는데 큰 만족을 느끼면서 행복 지수를 높이는 등 사람들 사이에서 고무적인 삶을 살아왔기에 자랑스럽기까지 합니다. 그런 내게 물질적 부와 명예는 분명 걸림돌이 되지 않는다는 것은 확실했습니다. 분명한 것은 빌딩 매니지먼트사에 종사하면서 개인을 위하거나 거룩한 삶을 향한 시간을 벌었다는 것입니다. 비록 감정노동으로 인해서 피로도와 스트레스가 가중된 것이 사실이나, 감정 관리의 숙련을 발휘하여 충분히 시간을 아껴 그 절반의 꿈을 계량하고 발전시키는 데 최선을 다해 온 것입니다.

여기서 감정노동으로부터 오는 솔루션(solution)에 대한 팁을 하나 드리겠습니다. 아래의 예는 제가 서비스업태 종사자로서의 이론을 차용하거나 희망을 말씀드린 것이 아닌 경험을 토대로 한 것임을 말씀드립니다.

"감정노동을 강요하는 고객이나 성향의 사람들에게 진정성이 있는 대화나 그가 가지고 있지 않은 달란트를 내보이거나, 남들이 우러러볼 수 있는 그리고 따라 할 수 없는 자신의 장점과 특징을 과감하게 드러내 보이는 것도 좋습니다. 만약 이런저런 것이 없다면 그럴만한 비전이 담긴 가치관이나 삶의 청사진을 드러내 알리는 것도 도움이 됩니다. 그들과의 시비가 붙으면 불편함을 피하기 위해서 결코 요점으로부터 비켜서서는 안 됩니다. 그것은 상대로부터 지속적으로 얕잡아 보고 농락의 수준을 키우는 빌미를 제공해 주는 동기가 될 뿐입니다. 모든 말을 건넬 때는 고음이 아니라 보통 음으로 차분하게 대화에 임하는 것이 좋습니다. 그리고 진지하게 차 한 잔 나누면서 대화를 리드해 가는 훈련을 통하여 그들과의 관계를 개선해 나갈 수 있음 또한 큰 도움이 됩니다."

여기서 우리가 생각해야 할 것은 직장을 선택 하는데 있어서 가장 먼저 봐야 할 것이 무엇인가에 대한 긴밀한 진단이 필요합니다. 돈과 승승장구할 수 있는 라인업이 잘 구축되어있는 직장인가? 아니면 자기 꿈을 이루는 기반시설이 마련된 여유를 얻을 수 있는 직장인가? 그것부터 구분해야 합니다.

평생직장이 사라진 시대에 우리는 살고 있습니다. 4차 신혁명으로 인해 기반시설도 붕괴의 절차를 밟지 않을 수 없는 불안 요소를 안고들 살아가고 있는 것이 21세기 오늘의 실제 상황입니다. 어떻게 살아야 할 것인가를 결정짓는 중요한 요소가 바로 직장이라는 것을 명심해야만 합니다. 그 이면에 수반되는 자신의 진정한 꿈을 현실화시키는 것이야말로 가장 절대적인 가치 행복임을 잊지 않으신다면 충분히 잘 진단하여 선택과 집중하는 일에 좀 더 많은 신경을 써야 할 시대가 분명합니다.

게 중에는 굵고 짧게 살고 싶다! 어떤 이들은 가늘지만 길게 살고 싶다! 미래에 대한 푸념을 이렇게 쉬 발설하면서 살아가는 사람들도 흔히 만나게 됩니다. 그만큼 현실적인 직장에서의 삶이 녹록지 않다는 것입니다.

그렇다면 여기서 '우리는 왜? 그리고 꼭 일을 해야만 살아갈 수 있는가?'에 대한 질문에 봉착하게 됩니다.

일본의 교세라는 굴지의 기업의 창업자이기도 한 이나모리 가스오게는 『왜, 일하는가?』(다산북스)에서 다음과 같이 설명하고 있습니다.

맹목적인 일을 도모하는 삶이 아닌 일의 가치와 필요성에 대한 철학을 강의하기로 유명한 기업가입니다.

그는 직원들에게 다음과 같은 강의로 직장 현장에서도 빛나고 행복한 자기 인생을 개척하게 하는 인물로 유명합니다. 그는 직원들에게 매번 강조하는 말로 "스스로를 태우는 사람이 되어라."를 강조하곤 했습니다.

직원들 중에는 세 종류의 사람들이 있다고 합니다.

첫째는 가연성 인간으로서 주변 사람들의 영향을 받아만 행동하는 사람입니다. 둘째로는 불연성 인간으로서 좀처럼 불타지 않을 뿐 아니라 다른 사람의 불씨까지도 꺼뜨려 버리는 유형의 사람입니다. 마지막 세 번째 사람은 이에 비해 자연성 인간성을 지닌 사람으로서 스스로 행동으로 옮기는 사람입니다.

어떤 일이든 그 일을 이루어 내려면 스스로 활활 타올라야 한다는 말입니다. 스스로가 타오르기 위해서는 왜 그 일을 해야 하는지 이유가 분명하고, 자신이 하는 조직의 일을 더없이 귀하게 여기며 좋아해야 하며, 그 일로 이루고자 하는 자기 삶의 가치를 추구하고 이룩하는 목표가 확고해야 한다는 것입니다.

"피라미드가 지속적인 작업의 연속으로 이룬 땀의 결정이듯, 우리 인생도 다르지 않다. 사소하고 쓸모없이 보이는 일들을 꾸준히 지속함으로써, 아무리 손을 뻗어도 닿지 않을 것 같던 지점까지 도달할 수 있으며, 인격체로서 크게 성장할 수 있다."

"나는 인생을 미래 진행형으로 생각한다. 인간에게는 현재 가지고 있는 능력 이외에, 잠재의식처럼 자신도 모르는 무한한 가능성을 지니고 있다. 따라서 자신의 숨어 있는 능력을 믿고, 자신의 인생에 더 큰 꿈을 그리라고 당부하고 싶다."

"한번 실수는 이해할 수 있지만 같은 실수를 반복해서는 안 된다. 충분히 반성했다면, 그 일을 깨끗이 잊어버려야 한다. 인생에서나 일에서나 지난 일을 고민하는 것은 백해무익하다. 그것을 계기로 다시는 그런 일이 일어나지 않도록 스스로 다그쳐야 한다."

무엇이 문제인가? 왜 사는가? 왜 일을 해야만 하는가? 이와 유사한 질문들을 포함하여 대다수 질문은 그다지 중요하지가 않습니다. 그의 대답 또한 복잡하지도 어려운 것도 아닙니다. 장황하게 설명할 필요도, 화려한 수사법도 필요치 않고, 철학적으로 머리 싸매고 덤벼들 이유도 없습니다. 자기에게 주어진 삶과 대면하여 최선을 다하며 살아가면 될 일입니다. 혹은 선택적 작은 실수를 감지했다면, 그 걸어온 길을 반복해서 걷지 말고 궤도를 조금 수정해서 걸어가면 됩니다. 걸어온 혹은 달려오면서 맞닥뜨렸던 시행착오와 실패, 상처, 배신과 배반 등 모든 것들이 공수표로 돌아가는 것이 아닌 그곳 그 길에서 얻어진 귀한 그 무엇이 있음을 기억하시기 바랍니다. 여러분이 흘려놓은 삶이란 씨앗이 바로 그 걸어온 자리에서 파종되어 무엇이든 줄기를 내고, 꽃을 피우고 열매를 맺기 때문입니다.

문제는 그 보석과 같은 경험치를 발견하려고 하는 자율적이고도 긍정적인 삶의 의식을 잃지 않아야 한다는 것을 전제로 해야만 가능합니다. 이 모든 근원과 요소를 잃게 되면 뿌리를 잃게 되고, 그 흔적을 잃게 되면 그 지점에서 다시 시작하는 동력을 잃게 되어 참으로 어렵게 되고 맙니다. 또는 그 이면에 또 다른 길을 만들어 놓고 자신들이 원하고 바라던 꿈으로서의 그 과업을 품고 또 다른 길로 난 일과 병행하여 노래하면서 걸으면 되는 것입니다. 조금 늦는다고 별 탈이 일어나는 일은 없을 테니까 걱정하지 않기를 바랍니다.

둘째로는 직업의 중요 구성요소로서의 소명(calling)과 사명(Mission)입니다

직업과 동시에 직장에는 귀천이 없다는 사실이 믿어지십니까? 이에 믿음이 가지 않는다면 당신들은 끝내 직업과 직장에서 행복과 가치, 그리고 즐거움을 발견하지 못하게 될 승산이 크다는 진단서를 받아 들게 된다는 것을 명심하셔야 할지도 모릅니다.

모든 것은 자기 안에 존재하는 것이지 상대성 비교원리로부터는 행복과 의미와 기쁨은 결코, 발견되지 않는다는 명언을 만들어 손목과 이마에 붙이고 다녀야 할 만큼, 자기 정체성이 전무후

무한 회색지대의 모모 인생을 연출하게 되는 불온한 시대를 살 수밖에 없습니다. 만약 그런 시대의 중심에 서 있다면 우리는 뚜렷하고도 명백한 자기 개발을 꿈꾸고들 살기 위해서 몸부림해야 합니다. 이것이 바로 오늘 우리에게 당면한 과제이며 현실입니다. 이마저도 노력하지 않는 사람들이 태반인 것이 오늘의 상황인 것 같아서 긍정적 동력을 잃고 방황한다는데서 아쉬움이 큽니다.

저는 이 일을 놓고 가치 철학을 배우기 위해서 동분서주하던 끝에 멘토들을 많이 만나오고 있습니다. 그중 한 분을 여러분께 소개해 드리겠습니다. 그분이 바로 안셀름 그륀 신부이십니다. 『직업과 소명』, 『아래로부터의 영성』, 『하늘은 네 안으로부터』, 『네 자신을 아프게 하지 말라』, 『다시 찾은 기쁨』, 『머물기 보다는 흘러라』 등 주옥같은 저서를 집필하신 내 영혼의 멘토이십니다.

안젤름 그륀는 신부는 『직업과 소명』(21세기 북스)에서 현대인의 직업 또는 직장의 모순적 생활을 다음과 같이 지적하고 있습니다. 사람은 경제적 동물이라고 하지만, 의도하지 않으면 이 경제적 욕망이 참된 인간의 자유와 평안과 행복을 모두 빼앗아 버리는 아주 큰 적이 됨은 물론 가정의 해체를 불러와 가족관계로부터 오는 불행을 자초할 수밖에 없음을 경고해 주는 교훈이기도 합니다.

"오늘날 삶과 직업은 점점 적대적인 관계가 되어가고 있다. 직업에 관계된 일들이 우리가 자유롭게 쓸 수 있는 시간까지 먹어 치우는 일이 빈번하다. 개인 생활을 위한 시간은 점점 더 줄어든다. 집에 쓰도록 주어진 시간까지도 직장생활에 대한 걱정들이 점령해버린다. 직업은 우리의 건강과 재산을 갉아먹고, 삶의 질을 빼앗아간다. 배우자 혹은 인생의 동반자와의 관계, 자식과의 관계, 친구와의 관계 등이 고통스러워진다. 한 마디로 이런 관계들을 가꿀 시간과 에너지가 턱없이 모자란다."

이어서 안젤름 그륀은 이 시대를 살아가는 사람들을 향해서 마음의 순례 여정의 이야기를 들려주고 있습니다. 문제는 누군가로부터 이러한 조언을 듣게 될 때, 그 조언의 말을 인스턴트(instant)식 음식물이나 일회성 용기로 여기고 한 번 쓰고 버리는 것이 아니라 가슴 깊이 새기고 늘 사유의 반복적인 행위를 통하여 실천에 옮길 때 자신의 삶이 성숙에 이르게 된다는 점을 잊지 않으시기를 바랍니다. 아래의 교훈 역시 그 선상에서 받기를 바랍니다.

"살아간다는 것은 끊임없이 새로운 곳으로 출발하는 것입니다.
길을 떠난 고단한 나그네가 정말 마음에 드는 곳을 만났습니다.
그 누가 그런 곳에 천막을 치고 머물고 싶지 않겠어요.
마음에 드는 곳에 짐을 풀고 두 다리 쭉 뻗고 고향 삼아 살고 싶지요.
그러나 세상은 영원히 순응하면서 살 수는 없습니다.
우리는 끊임없이 새로운 곳으로 출발해야 합니다.
미래가 손짓하는 곳으로 가기 위해서는 안식처를 철거하십시오.

출발은 살기 좋게 꾸며 놓은 안식처를 철거하는 일부터입니다.

머무는 순간 낡은 것이 되어 버립니다.

방금 전 그곳에서 툭툭 털고 일어나세요!"

이 모든 것은 타인이 대신해 줄 수 있는 일이 절대로 아닙니다. 저 역시 처음부터 직장생활이 마음에 흡족하지는 않았습니다. 여전히 감정노동으로부터 오는 스트레스성 갈등을 수없이 경험하고 있음을 고백합니다. 그러나 안젤름 그륀 신부와 같은 멘토들의 도움을 받아 그 역경을 이겨내는 힘과 지혜를 얻어 맡겨진 여정을 수월하게 완수해 가고 있을 뿐입니다. 필요하다고 생각되면 지속적으로 나누게 될 후반부에서의 그 여정이 주었던 아픔과 고통을 충분히 공유하게 될 것입니다.

이 여정을 함께 즐기고 그 기쁨을 공유하면서 살아간다면 그 노력한 만큼 자신의 삶이 단단해짐은 물론 그 영역이 넓어진다는 것을 기억하시기 바랍니다. 흐르지 않고 고여 있는 물은 100% 부패할 수밖에 없다는 사실을 누구보다도 여러분은 잘 알고 있을 것입니다. 이 마음의 여정을 기억하고 살아갈 수만 있다면 안젤름 그륀이 그의 저서 『다시 찾은 기쁨』(성바오로 출판)에서 고백하듯이 멀지 않아 그 기쁨을 우리도 누리게 될 것입니다.

"기쁨은 우리의 내면에 존재하는 긴장들을 풀어주는 정서이고, 삶이 우리 안에서 생동적으로 펼쳐 나가도록 하는 정서이며, 우리의 영혼과 육체를 결합시키는 정서이다. 그래서 기쁨은 건강의 원천이다. 기쁨은 사랑의 열매다. 자신의 마음을 사랑으로 채우는 사람은 기뻐할 힘도 지니게 된다. 기쁨과 사랑은 삶을 증진 시키는 작용을 하고, 삶을 충만하게 살게 하는 요소들이다."

이 기쁨, 이 사랑을 경험하기 위해서는 우리는 직장을 잘 선택하고 행복한 가정생활과 직장과 업무에 집중함으로써 그 공동체에서 어떤 마음가짐으로 살아내느냐에 따라서 우리 모두의 삶의 결과물이 달라진다는 말씀을 드리고 싶습니다. 만만치 않은 일임을 모르는 것은 아니지만 그 결과물을 떠올리고 한 발 두 발 내딛는 사람과 그렇지 않은 사람들과의 생애를 맞이하는 차이는 극명하게 갈리게 될 것입니다. 이것이 가치와 의미 있는 인생입니다. 인생은 공짜로 주어지는 것이 아닙니다. 자기 삶에 얼마만큼 애써 노력함으로써 자기 인생을 충분히 장식하고, 리모델링(Remodeling) 하는 가에 따라서 확연하게 보이는 것이 다르게 드러나게 되어 있습니다. 그 선택은 여러분과 제가 해야 할 일입니다. 이는 제가 이미 경험한 삶이기에 자신 있게 말씀드릴 수 있어서 다행스러운 일입니다.

우리가 살아가면서 무수히 많은 직장인과 그 동반자적 관계 선상에서 살아가는 사람들을 보게 되고 또한 만나게 됩니다. 겉으로 볼 때는 다들 같아 보이고 평안해 보이는 것 같아도 그 속을 들여다보면 참으로 어려움과 갈등과 스트레스성 정신질환을 앓고 있는 사람들이 많다는 사실을 알게 될 것입니다. 그들의 이상을 잃어버리고 무작정 사회가 원하는 획일적인 성공 주의로 질주하는 까닭에 자신을 잃고 인간성을 잃고 마지못해서 살아들 가는 모양새입니다. 그런 삶의 동력을 가지고서는 절대로 건강한 자아를 형성할 수 없으며 동시에 행복하고도 의미 있는 가정과 직장을 그리고 사회를 이끌어 갈 수 없음을 잊지 않으시기를 부탁드립니다.

이미 몇몇 안 되는 선각자들이 우리의 삶의 길을 개척해 주시고 계심을 기억해 주시기를 바랍니다. 그들을 선생님, 선배 혹은 인문학자 또는 지성인, 영적 멘토라고 불러도 좋습니다. 그들의 피나는 노력이 이 사회를 지탱해 주고 있다는 것입니다. 우리 삶의 건강성을 위해서는 이와 같은 분들과 공동체를 이루고, 보폭을 맞추어 일정 분량 그들에게 신세를 지지 않을 수 없는 것이 오늘입니다. 우리 또한 그러한 역할 자로서 서로 공존하기 위해서 오늘 나에게 맡겨진 공동체로서의 직장과 삶에 어떤 태도를 보여야 할 것인가? 이제는 그에 대한 현명한 답을 삶으로 보여 주어야 할 때입니다.

이 글은 바로 그 답을 얻기 위한 독자들과의 토론의 장소이며, 동시에 진지한 영혼의 나눔을 위한 시간으로의 초대장이라고 보셔도 됩니다. 누가 불러 주지 않아도 이미 오래전부터 지면으로 그 대화를 시도하는 행복한 취지를 이제 더 부각시켜 더 많은 이웃하는 동료들과 나누고 싶어서 시작되었음을 알려 드립니다.

셋째로는 건강한 직업을 위한 엔진으로서의 소명(Calling)과 사명(Mission)입니다

직업의 귀천을 따져 묻기보다는 직업을 향한 마음가짐이 어떠한가에 대해서 스스로 묻는 자세가 중요합니다. 누구나 다 대기업, 만족도가 높은 직업군에 속할 수 있다면 몰라도 기회는 균일하게 주어지지 않을 수도 있습니다. 이것은 오로지 저마다의 가치관이나 관점에 따라서 그리고 준비된 상황에 따라서 달리 평가된다는 것을 기억하시기 바랍니다. 각자의 마음에 달렸다는 것입니다. 이를 달리 표현하면 소명(calling- 어떤 일이나 임무를 하도록 부름이나 명령을 받아 나옴), 혹은 사명(mission – 맡겨진 임무)이라고 할 수 있습니다. 그러니까 그 직업에 종사하는 이의 마음가짐과 결단, 판단에 따라서 그 행복 지수가 결정되고, 외양으로 드러나는 성과도 달라진다고 볼 수 있습니다.

그런데 현실적으로 많은 직장인이 이와 같은 단순 결정에 많은 실패를 경험하면서도 다른 분야, 다른 영역에서의 행복, 기쁨 등 만족도를 찾아 헤매는 까닭에 쉬 이직을 결정하고 그 이후의 삶을 후회와 원망 속에서 방황하며 불평불만을 쏟아내는 일을 반복하며 살아가는 아주 아쉬운 모습을 보인다는 것입니다. 이것은 인생의 목표가 확연하게 설정되지 않은 단순 로망(Roman)에 불과할 뿐입니다.

전장에서 말씀드린 바와 같이 제가 처음으로 직장에 몸을 담은 분야가 그렇게 주목을 받는 직종이 아닌 빌딩 매니지먼트사, 달리 말하면 빌딩 종합관리 종사자였다는 것입니다. 지금도 끊이지 않고 일어나는 갑질의 대상이며 동시에 감정노동자로서의 부품 취급당하는 직종이며 또한 급여도 충분히 충족하지 못하는 아주 열악한 직종에 몸담아왔다는 사실입니다. 그럼에도 불구하고 단 한 번도 처지를 원망하거나 회의하지 않고 최선을 다하여 시간을 활용하는 특권 아닌 특권까지 얻게 되었으며, 그 주어진 시간을 활용하여 독서와 글쓰기, 강의, 또 다른 대학과 대학원에서 수업을 받을 수 있었습니다. 물론 직장의 배려가 있었기에 가능하였다고 하나, 그 이면에는 셀러리맨으로서의 제가 최선을 다했기 때문에 가능했던 것입니다. 이는 내 마음속에 직업은 소명(calling)이자 사명(mission)이라는 기독교의 신적 의식이 깊게 내재해 있었음이 주요한 계기가 되었다고 말씀드릴 수 있겠습니다.

오스 기니스는『소명』(IVP)에서 마음과 같이 직업의 중요성과 사적인 시간과의 조율에 대해서 설명을 하고 있습니다. 우리가 이것을 놓치고 살아가기 때문에 직장생활에서 급속도로 피로도를 느끼고, 그 결과론적 삶으로서의 이직 혹은 불평과 불만으로서 직장생활의 활력을 잃게 되는 것입니다. 이는 직장이나 개인이나 모두가 치명적인 손실을 경험하게 된다는 점을 기억하시기 바랍니다.

"우리가 직장에만 전념하지 않고 사적 영역에서도 성취를 이루면 직장도 사랑으로 채워질 수 있다. 직장이 모든 것을 해주지는 않는다. 기업 활동에 적극적으로 참여한다는 것은 좋은 일이다. 그러나 직장과 결혼하게 되면 결코, 행복해지지 않을 것이다. 우리에게는 다른 욕구도 있고, 직장이 인생의 전부는 아니다. 우리가 집에서 좋은 삶의 문화를 개발했을 때 비로소 직장생활에서 오는 실망감도 떨쳐 버릴 수 있다. 많은 사람은 이상적인 직업을 동경하지만, 이상적인 일자리는 흔치 않다. 대부분 직장에는 판에 박힌 일과 엄격한 위계질서가 있을 뿐 내가 원하는 최상의 조건들은 없다. 나는 그곳에서 녹초가 되고 많은 에너지를 강탈당할지도 모른다. 또 이런 구속들은 상대화할 수도 있다. 그러려면 나는 직장의 스위치를 완전히 끄고 즐거운 마음으로 귀가해야 한다."

그러나 불행하게도 많은 사람이 이와 같은 균형을 잃게 되고, 순서를 뒤바꿔 생활하기 때문에 불행을 자초하게 되는 것임을 알 수 있습니다. 눈만 뜨면 직장으로의 출근을 꺼리는 계기가 됩니다. 또한, 퇴근할 때에는 초죽음이 되어 내일이란 희망의 불을 스스로 끄거나 차단하는 불행의 굴레에서 생기 없는 삶을 영위하게 됩니다. 죄송하지만 이것이 현실입니다.

이들을 일컬어 마르틴 베를레는 『나는 정신병원으로 출근한다』(라이프맵)에서 다음과 같이 설명하고 있습니다.

"우리 기업들은 시장은 염두에 두지 않는다. 자신에게 홀딱 반한 나르시시스트이기 때문이다. 유치원 같은 대기업, 평균이라도 되어보겠다고 온갖 애를 쓰는 중소기업, 그리고 독일기업을 장수기업으로 이끈 내재적인 힘이라는 가족기업은 집중적인 심리치료가 필요한 것이 현실이다. 고객을 쫓아버리고, 리더십은 시궁창에 처박아둔 것이 대부분 회사 실상이다.

기업이 일어나는 이런 일상적인 정신병을 아는 사람은 직원들뿐이다. 그들은 아무도 모르는 주식회사 정신병원을, 바보들을 가두어놓은 새장을 몸소 겪은 사람들이다. 독일 유수의 인터넷 구직 사이트 스텝 스톤의 설문 조사 결과, 독일 직장인의 50%는 자기 고용주가 "부끄럽다"라고 대답했다."

그렇다면 우리나라의 현실은 어떠한가? 묻지 않을 수 없습니다. '피장파장', '그 나물에 그 밥' 다를 것이 없다는 것이 결론입니다. 왜, 단 한 번도 대한민국 직장 혹은 문화 현장에서 대한민국만의 창의적인 것을 발견하지 못한 것이 인정되기 때문입니다. 불행하게도 사회, 기업의 모형 대부분을 모방하거나 답습하느라 골몰했기 때문이란 것이 결론입니다.

이러한 삶의 패턴이 반복적으로 진행되는 한 직장의 분위기는 향상될 수도 없으며, 개인의 삶은 에너지를 잃게 되는 법입니다. 우리가 오늘만 살고 내일을 살지 않는다면 몰라도 우리는 끊임없이 내일도 살아야 한다는 그래서 그 내일을 잘 살고 싶은 비전을 가져야 하는 희망적인 삶을 살아야 한다는 점을 기억하게 된다면 직장과 사적 생활의 공간으로서의 크고 작은 영역에서의 생활과 조화를 충분히 이루어야만 합니다.

오래전 읽었던 경제의 현실을 다루고 있는 고전과 같은 한 권의 책을 기억해 봅니다. 그 도서는 찰스 핸디의 『텅 빈 레인코트』(21세기 북스)입니다. 이 도서는 찰스 핸디의 시리즈 몰로 직장 생활하는 사람에게 깊은 심리적 도전 의식을 안겨 준 도서로 소개를 해 드리겠습니다. 그 책에서 찰스 핸디는 다음과 같은 예시를 제시 해 주고 있습니다.

찰스 핸디는 미국의 미네소타 주의 미니 애플리스 야외 조각 공원에서 본 잊혀지지 않는 작품을 보고 그 작품을 통하여 귀한 깨달음을 얻게 됩니다.

"주디스 세어의 〈무언〉이라는 조각이다. 세 가지 유형으로 이루어진 이 작품의 중심 형상은 안에 사람이 없이 텅 빈 상태로 세워진 레인코트다(나머지 형상은 팔과 머리가 없이 몸통과 다리만 있는 입상과 입술과 턱 부분만 있는 거대한 두상으로 이루어져 있다. 이 세 개가 모여 하나의 작품을 구성한다). 속이 비어 있는 레인코트는 현재 우리를 억누르고 있는 가장 절박한 역설의 상징처럼 보였다. 우리는 정말 텅 빈 레인코트가 될 수밖에 없는 운명이었을까. 임금 대장에 올라있는 무명의 숫자. 담당업무, 경제학이나 사회학의 소재, 어느 정부 보고서에 등장하는 통계수치로만 남아 있을 그런 운명이란 말인가. 대가가 이것이라면 경제발전은 의미없는 공수표일 뿐이다. 삶이 어디로 흘러가는지도 모른 채 돌진하는 누군가의 거대한 기계를 돌리는 소소한 톱니바퀴로 머물 수는 없다. 삶은 그 이상의 무엇이어야 한다. 이런 역설에 대하여 각자의 레인코트 속을 채울 수 있음을 증명하는 일은 분명 쉽지 않은 과제다."

찰스 핸디는 이미 21세기 수많은 직장인에게 희망의 드라이브를 걸어보라고 제시하고 있습니다. 막연한 조직이란 닫힌 공간으로서의 경직된 직장 환경에서 참된 자유를 잃고 살아가기를 강요당하고 있는지도 모릅니다. 참으로 불행한 일이 아닐 수 없습니다. 누군가 만들어 놓은 강제적인 톱니바퀴를 돌리라고 압박을 받는 그런 수동적인 삶으로 일생을 일관한다면 그곳에는 행복이 있을 수 없음은 불을 보듯 자명한 일입니다.

찰스 핸디의 당부에도 불구하고 우리는 끊임없이 우리의 인생을 피곤하게 방치시켜두고 살아가고 있음을 봅니다. 우리에게 주어진 고유한 시간임에도 불구하고 우리는 이 시대의 거대한 경제구조의 불황이란 괴물 앞에서 속수무책 당하고만 살 것인가? 되묻지 않을 수 없습니다. 이 모든 현상과 싸워 이겨야 할 용기를 품고 살아야만 합니다. 극복해야 하고 싸워서 우리의 가치 있는 삶과 인성을 회복해야만 합니다. 인생은 수직적 상승을 꾀하는 소비의 패턴 속에 휩쓸려 우리의 삶을 허비하게 되어 있습니다.

우리의 소중한 삶을 그릇된 경제적 괴물이란 손에 맡겨버리고 맹목적으로만 살 수는 없다고 봅니다.

세상에는 시간에 대하여 많은 사람이 자신의 이론을 제시하고 있습니다만, 제가 가장 영향을 받은 인물 중의 한 사람은 틸 뢰네베르크입니다. 그는 그의 저서 『시간을 빼앗긴 사람들』(추수밭)에서 현대인들의 시간 관리에 대하여 사적으로와 공적으로 가장 사실적으로 지적하고, 무언의 조언을 주고 있습니다.

틸 뢰네베르크는 '생체 리듬을 무시하고 사는 현대인에 대한 경고'란 부제를 제시하고 있기도 합니다. 생체 시계를 이해하면 자신과 타인을 더 잘 이해할 수 있고, 시간을 더 소중히 여기게 되며, 수면 패턴에 대한 선입견이 만들어낸 마음의 짐으로부터 해방될 것이라며 새로운 이론을 제시하고 있습니다.

다시 말하면 현대에 많은 직장에서 도입하고 있는 '7시 출근하여 4시 퇴근', '자동차 공장의 파업 노동자들의 주장인 2교대 제도', '세계 보건기구가 야간 노동을 2급 발암물질에 올린 결정적 이유' 등에 대해서 우리는 질문을 던지지 않을 수 없습니다. 이 모든 제도가 과연 현대 직장인들에게 유익하기는 한 것인가? 근거 없이 철회하는 것이라고 주장합니다. 그 이유는 개개인의 몸속에 내재 된 고유의 생체 시계를 무시한 환경 속에서 현대인은 만성 피로와 극심한 정신적 스트레스에 시달린다는 말입니다. 세계적인 시간 생물학자로서 틸 뢰네베르크는 지난 40년간 발견해 온 생체 시계에 관한 놀라운 지식을 토대로 현대인이 겪는 '사회적 시차증'의 원인을 밝혀오고 있습니다. 그러면서 생체 리듬에 맞춤한 각자의 노동시간을 되찾을 때보다 더 윤택한 삶을 살 수 있을 것으로 역설을 하는 것입니다.

그럼에도 불구하고 우리나라의 근무 형태는 다양성이란 명분 아래 근로자 본래의 생체 리듬을 회복시키려는 일련의 조짐도 보이지 않고 있는 것입니다. 그렇다면 우리는 근로자의 생체의 시계가 의도하지 않은 상태에서 조작된 직장생활을 어떻게 해야 할까요? 구조와 근로 조건은 이미 다양성을 잃고 말았습니다. 그러면 우리 스스로가 어떤 태도를 견지하면서 살아야 할까요? 우리의 마음가짐 내지 가치 철학을 담보로 스스로 창의적으로 개선의 운을 띠면서 생활하려고 애를 써야 한다는 것입니다. 이것이 말로 소명(calling)이자 사명(mission) 받은 자로서의 자기 행복과 의미를 찾아가는 이들에게만 주어진 책무이며 동시에 가치 인생을 향한 자기 노력입니다. 물론 이 모든 현상이 하루아침에 이루어지지는 않습니다. 그렇다고 하더라도 포기하지 마시고 노력하기를 부탁드립니다. 애써 정진하고 또 정진해 주시기 바랍니다. 노력하는 만큼 삶의 유익은 놀라운 반응을 보이게 될 것이 확실하기 때문입니다.

〈문명의 창밖의 현장을 염두 하며 읽는 시〉

서울은 야생마처럼 거인처럼 / 김경린

새벽 네 시의
서울은
분지의 윤곽만 살아 있을 뿐
누군가를 기념하기 위해
세워진 표지등과 같이
유난히도 반짝이는 수은등은
거리와 구릉과
골짜기를 불태우는 별이라 해둡시다
어둠 속에 그 많은
재화와 권력과 사랑을 내장한 채
점자는 건물들은
도시의 거인
아니면 분지에 사는 야생마입니까
아직껏
관능을 다하지 못한 네온이 뿜는
색소의 무늬 아래
취기 어린 그림자마저 사라져간
거리

단지 야간인구를 위해
질주하는 차륜의 폭음만이
관현악처럼
울려퍼지는 하늘
회색 물감이 흘러내리는 하늘에
누른 빛깔이 스며들고
신문배달 소년의 발굽소리와
청소부의 하품소리와
어머니의 도마소리에 깨어나면
힘찬 호흡과
거대한 엔진에 불을 지르기 시작하는
서울은
야생마처럼 거인처럼
오늘과
미래의 세계도시를 향해
질주하는 마라톤 선수입니까

제2부

주거 수단으로서의 공간에 대한 사유

CF. 1.

현대인에게 주거 공간은 어떤 의미인가?

왜? 갑자기 직장과 직업의 화두에서 주거 공간의 의미로 넘어갔는지 이상하게 생각하는 사람들이 있을 것 같아서 부연 설명해 드립니다. 앞에서 설명해 드린 바와 같이 저는 30여 년을 빌딩 매니저로 활동하면서 동시에 인문학자의 의식을 가지고 자기 개발을 위해서 고군분투하면서 동시에 사회의 병적인 현상과 인간성 상실의 현장을 극명하게 목격해 왔습니다. 또 사회의 현상을 극명하게 보여주는 축소판으로서의 빌딩과 주거 공간의 변별력을 통하여 우리의 삶의 이면사를 충분히 진단했기 때문이 바로 그 이유입니다.

또 한 가지 이유를 말씀드리자면, 주거 공간이 필요 이상의 부나 재력의 상징체로 둔갑하여 갑질을 낳게 되는 교만의 원초적 근원이 되고 있음에 대한 해결할 방법을 찾고자 함이 또 다른 이유가 되겠습니다.

지금까지 단 한 번도 생각해 오지 않는 문제라 할지라도 이 시간만큼은 당면한 문제만이라도 곰곰이 생각할 수 있었으면 좋겠습니다. 우리가 더불어 생각하고 그 생각한 바를 실제 삶 속에 반영하지 않는다면 우리는 멀지 않아서 심각한 문제에 봉착하게 되고, 서로를 향한 증오로 인해서 인명피해 및 현격한 관계 단절을 경험하게 될 것입니다, 이미 그러한 현상이 한반도 도처에서 일어나고 있음을 의식의 창을 조금이라도 열면 확연하게 다가온다는 것입니다.

이미 현대 문명의 산물로써 가장 눈에 확실히 들어오는 것을 들자면 당연히 빌딩(건물)이라고 할 수 있습니다. 다시 말하면 빌딩 숲으로서의 도시화를 들 수 있습니다. 저는 30년 동안 빌딩 매니저로 활동하면서 생존게임에 도전을 받기도 하고, 도전 아닌 도전을 해 오고 있다고 말씀드렸습니다. 그리고 현장에서 근무하면서 주거 공간으로서의 '집'과 '빌딩'과 총칭으로서의 '건물'을 두고 벌어지는 인간성 상실의 갑질과 스스로 가치를 잃고 살아가는 많은 사람과 조직을 충분히 목격해 오고 있습니다.

그래서 이 장에서는 그 문제점을 지적하고, 우리가 어떻게 건강한 자아와 가족 그리고 사회를 이루어 나갈 수 있을까 잠시 생각할 기회를 갖고자 해서 주제를 자연스럽게 이동시켜 본 것입니다. 온전히 건강성을 품고 있는 직장이자 집 그리고 빌딩은 감성이 살아 있는 장소로서의 목적성을 잃지 않아야 합니다. 그 이유는 사람들이 그 공간에서 행복, 불행, 감성과 이성 그리고 총칭으로서의 관계성을 이어오고 있는 보금자리 역할을 해야 하기 때문입니다. 그런데, 그 보금자리 역할로서와 업무의 안락한 공간이 되어야 하는 그 건물과 주거 공간이 물질적 가치 척도에 전부가 되었기 때문에 사회에 어두운 그늘이 거치지 않는 원인이 되고 있습니다. 인간의 탐욕이 도를 넘어서고 있는 것입니다.

저는 빌딩 매니저로 이와 같은 방향을 알고 있기에 현장에 감성을 불어넣어 주기 위해서 가능한 한 각종 공연과 전시회를 열어 현장에 사업장을 두고 있는 이들과 활력을 고취하기 위해서 나름 노력을 해 왔으며 지속적으로 노력하고 있습니다. 아마도 이 장에서는 건축, 건물로서의 문제점과 지향점, 지양점에 대한 생각거리들을 충분히 물어오고 있습니다.

오늘날 대한민국에 이착륙한 문명의 계절은 과연 건강한가, 그 계절에서 맞닥뜨리는 현상으로서의 불청객들이 우리의 아군이 되어 행복을 추구하게 할 것인가? 아니면 영원히 대적하여 인간성 상실과 괴물처럼 서로 물고 물리는 전쟁터에서 반드시 승리해야 할 적이 될 것인가에 대한 고뇌까지도 이 장에서 한 번 생각해 보실 수 있기를 바랍니다.

아마도 단 한 번도 이 문제에 대해서 딴지를 들어오지 않을 수도 있었을 것이며, 여전히 그 문명의 산물에 동화되어 필자의 의견에 무작정 대항마로 출연하여 욕을 퍼 부을 수도 있음을 부인하지는 않겠습니다.

이것이 바로 자본주의가 한반도에 출몰시킨 천민자본주의의 표본이기 때문에 별도의 이의를 제기하지는 않겠습니다. 그것은 시간 낭비이기 때문입니다. 앞으로 이 안에 대해서 생각을 해보기로 하겠습니다.

첫째는 주거공간의 가치와 의미를 위한 의식 전환이 필요합니다

지금까지 주거 공간의 다양성이란 명분 아래서 변화무쌍하게 진행되어 온 건물의 형태에 대해서 우리는 아무렇지도 않게 여기면서 살아온 것 같습니다. 이것이 심각한 사실이라는 것을 망각한 채 말입니다. 이 문제에 대해서 이미 여러 분야의 건축가들이 그 아쉬움을 지적하고 있지만, 여전히 자본주의의 단맛을 톡톡히 느껴 온 사람들에게는 좀처럼 떼어 낼 수 없는 너무나도 달콤한 유혹이기에 인간의 원초적인 목적의식을 잃고 불만족이란 수렁 속으로 깊이 빠져들고 있는데도 정신을 차리지 못하고 있습니다.

마치 꿀단지 속 단맛의 유혹에 이끌려서 꿀단지로 조금씩 조금씩 잠입했다가 오도 가도 못하고 꿀단지의 포로가 되어 운명하는 벌과 파리와 같이 말입니다. 또 한여름 논 중앙에 켜 놓은 해충잡이 불 전등이 좋아서 달려든 불나방이 맞이하는 최후의 죽음의 현장과도 같다고 할 수 있습니다. 그럼에도 불구하고 문명이란 두 개의 창 앞에서 서서 방향을 잃고 살아가는 21세기 사람들에게서 기대하는 것이 무엇이 있을까 생각해 봅니다.

분명한 것은 안식처로서의 주거 공간과 업무의 공간으로서의 빌딩이 그 이상의 의미를 부여한 채, 더 이상의 안식처가 아닌 마치 자신의 이기적 명분을 채워가는 고가의 장식품으로서와 재산 증식의 괴물로 전락해 버린 것과도 같다고 하겠습니다.

주거 환경으로서의 집의 변화에 대해서 연구논문집을 낸 서윤영 작가는 그의 저서 『세상에서 가장 아름다운 집』(궁리)에서 '집'의 문제점을 가장 사실적으로 지적하고 있습니다.

"요즘 우리가 '집'이라고 하면 재산 증식의 가치만이 있는 집, 사회적 지위를 대변하는 매개로서의 집, 과시나 자랑의 수단이 되어 버린 집만 있을 뿐 가정이나 가풍, 주거 문화를 보여줄 수 있는 집은 전혀 보이지 않는다. 우리 모두 지금 집 없이 떠돌고 있는 것이다."

이 말에 공감하면서도 왠지 씁쓸해지는 것은 21세기를 살아가는 우리 모두 처해 있는 상황인 까닭에 선뜻 동의하기에 부담스럽겠지만, 사실 그렇게 돌아가는 것을 부인할 수도 없는 일입니다. 그러니까 우리는 참된 주거 공간과 업무를 보는 생활공간으로서의 건물이나 집을 소유하기보다는 타인에게 보여주고 자랑하고, 마치 재산 증식의 일환이 된 투기식이나 자신의 권위 의식을 두드러지게 하는 상징물로서의 집의 개념으로의 변형된 세상에서 슬픈 몸짓으로 힘겹게 살고 있는 것입니다.

이는 장기간 건물 매니저로서의 활동하면서 동시에 대한민국, 인류가 처한 안식 공간으로서의 '집'과 '빌딩'에 대한 의식의 전환이 절실해야겠기에 틈틈이 기록으로 남기기도 하고, 몸소 고통스러워했던 사유물을 정리하는 차원에서 여러분과 함께 나누고 싶어 했던 것들입니다. 충분히 생각하고 그 생각의 결과물을 차 한 잔 나누면서 자유롭게 토론할 수만 있다면 저의 이 글은 충분히 의미가 있다고 하겠습니다.

우리는 충분히 주거 공간으로서의 혹은 업무공간으로서의 집과 빌딩을 향하여 현재의 가치와 의미와 추구하고 있는 변형된 현주소를 바로 잡을 수 있는 의식의 전환이 조금이라도 있다면, 이 도서에서 다루고자 하는 문제점들에 조금은 공감대를 형성하게 될 것이고, 그렇다 보면 콘크리트 유형의 건물뿐인 재산 증식의 빌딩 숲에 갇힌 불행한 사람들이 아닌 참된 인간성을 회복하고 나아가는 행복 공간을 경험하게 될 것입니다

둘째는 주거공간으로의 '집'에 대한 의식의 변화가 절실합니다

서윤영 작가는 같은 도서에서 현실적인 주거 공간의 저질 문화에 대해서도 다음과 같이 단호하게 지적하고 있습니다.

"요즘 도심의 주택가 골목에는 1층에 상가, 2층에 학원, 3, 4층에 살림집이 있는 이른바 상가 주택을 많이 볼 수 있는데, 로마의 인슐라가 이것과 유사한 형태였다. 실제 건물의 소유주는 인근에 도무스(domus)라는 단층의 고급 주택을 짓고 살면서, 단지 세를 받기 위해 얼기설기 지어 올린 이러한 집들은 필연적으로 열악한 저질 주거가 될 수밖에 없다."

이것 또한 현재 우리의 주거 환경이 처해 있는 인적 구조와 유사하다고 할 수 있습니다. 지나치게 그것도 난립형의 고층 아파트를 건설하려다가 무너짐, 붕괴의 사고가 심심치 않게 일어나고 있다는 것을 이미 방송으로 들어서 알고 있을 것입니다. 아마도 이 순간도 그와 유사한 사고가 곳곳에서 일어나고 있는 것이 현실입니다. 이러한 형태는 고층 건물을 선호하는 세계 어느 곳에서나 유사하게 일어나는 사건 사고입니다. 위의 도서에서 이와 같은 사례들을 알리는 부분이 있어서 소개해 드립니다.

"로마의 부자들은 이런 집을 여러 채 지어 팔면서 일종의 부동산 투기를 하여 문제가 많았다. 옥상의 기왓장이 시가지에 떨어져 사고가 나는 예에서도 볼 수 있듯이 날림 공사도 많았고, 심지어 세를 많이 받기 위해 무리하게 8층이나 고층 건물을 지었다가 무너지는 사례도 있었다."

이는 얼마 전에 지나간 제1, 제2 장마와 초강력 태풍 '힌남노'가 한반도에 영향을 미칠 때, 건물 곳곳에 발생한 벽체의 이탈

및 극심한 지하 주차장으로의 빗물의 유입 등 창호, 화단, 벽체를 타고 유입된 누수로 인해서 인명 상, 재산상의 손실을 미치게 되었던 현상을 상기할 때, 대형화 건물이 사람들의 생활에 주는 무익함과 위험 요소가 심각하다는 것을 실감하였을 것입니다. 그뿐만 아니라 광주 신축 아파트의 붕괴 등등 부끄러워서 이 글에서 다 언급하기조차 어려운 일들이 많습니다. 그럼에도 불구하고, 고층 건물의 선호도는 좀처럼 식지 않고 있음을 보게 됩니다. 이로 인한 천재(天災)가 아닌 인간의 탐욕으로부터 오는 그리고 문명의 성과라고 칭하는 것들로 인한 인재(人災)의 원인으로 규명해야 할 일이 곳곳에서 일어나고 있는 것이 현재의 실제 상황입니다.

국토의 협소한 관계를 들어서 또 하나의 어쩔 수 없는 주거 환경 개선이라고 명분을 붙인 부끄러운 일을 서윤영 작가는 다음과 같이 지적하고 있습니다.

"우리나라에서 아파트를 구입했다는 것은, 단순히 어떤 물품을 구입했다는 것을 넘어서서 이제 더 이상 셋집을 전전하며 떠돌지 않아도 된다는 것, 나도 이제 중산층이 되었다는 의미가 있다. 내가 그것을 소유함으로써 자신의 사회 계층을 말해주는 것, 그것이 어찌 단순한 상품일 수 있겠는가. 이렇게 각별한 의미를 지니고 있는 아파트, 하지만 이것은 우리 고유의 주거 형태가 아닌 외래에서 이식된 것일진대, 대체 아파트가 우리나라에 상륙한 것은 언제이며 그 모습은 어떠했을까."

“자동차를 한 대 사려고 할 때 우리는 직접 자동차 판매장으로 간다. 매장 직원의 친절 하고도 집요한 안내 속에 여러 대의 자동차를 비교하고, 때에 따라서는 시승까지 해 본 다음에 구입을 결정한다. 비단 자동차뿐 아니라 우리가 사고자 하는 모든 물품을 미리 만들어진 상품을 직접 보고 이리저리 만지고 난 후에야 구입을 결정하지만, 단 하나 그렇지 못한 상품이 하나 있으니 바로 아파트이다.”

다시 말하면 아파트가 성공한 유일한 나라가 한국이라고 합니다. 어쩔 수 없다고 면피의 쓴웃음을 남기겠지만 사실 저에게도 부끄러운 민낯일 수밖에 없습니다.

“아파트의 본향인 유럽과 영국에서조차 그 인식이 좋지 않은 고층 아파트를 로열층이라 하여 웃돈까지 주고 들어가는 사태에 대해 학계에서 많은 연구와 해석을 하고 있다. 우선 아파트의 발생 이유가 유럽의 경우 빈민 주거를 해결하기 위한 정책이었다면, 한국은 그와 반대로 주거 근대화를 위해 선진국형 주거 형식을 빌려온 것이기 때문이라는 것이다. 즉 서양에서는 본디 저소득층을 위한 주거였지만, 한국에서는 처음부터 고소득층을 위한 주거였다는 점이다. 30, 40년대의 아파트들이 대부분 한국 주재 외국인을 위한 숙소였고, 50, 60년대 아파트의 주된 입주 계층이 젊은 고학력 부부들이었다는 것이 이를 입증한다. 하지만 가장 큰 이유는 한국은 아파트를 토착화하기 위해 지대한 노력을 하였다는 점이다.”

대한민국의 이러한 상황에 대해서 웃지 못할 해프닝이라고만 해 두고 넘어갈 사람들은 아무도 없습니다.

그럼에도 불구하고 이러한 정책의 변화는 국토부 외에 그 어느 정부 기관, 건설회사 내 청사진에서도 찾아볼 수 없는 것이 사실입니다. 이것이 바로 대한민국이 주거 문화, 건물에 관한 집합건물이 처해 있는 천민자본주의의 산실이란 점에서 우리는 어떻게 생각해야 하는지 고민하지 않을 수 없습니다.

셋째는 즐거운 귀가를 돕는 안락한 주거공간의 기대입니다

주거 공간의 변화에 대해서 우리는 지금까지 한 번도 생각지 않았던 문제에 대해서 생각하게 될 것입니다. 앞으로 이 문제가 나은 인적 구조나 인사 문제 그리고 인간관계를 통한 가치의 형이상학적 진단을 해야만 합니다. 그렇지 않다면 아마 한국은 심각한 인간 문제에 직면하게 될 것입니다.

그렇다면 우리의 주거 공간은 어떤 의미를 취해야 할까요. 연구자들의 입을 빌려 정의를 내린다면 다음과 같을 것입니다.

"언제나 무거운 침묵 속에 갇혀 있던 현관의 풍경(風磬)이 처음으로 청량한 소리를 내기 시작했다. 삽상한 바람이 들이쳐 거실을 넘어 베란다 창문의 레이스 커튼 자락을 흔들었을 때 문득 깨달았다. '세상에서 가장 아름다운 집'은 아무 때고 마음껏 현관문을 열어둘 수 있는 집이라는 것을."

오늘을 힘겹게 살아가는 모든 사람에게 있어서 주거 공간은 안락한 공간이며 동시에 힘든 노동을 하고 돌아와 안식하며, 가족들끼리 수시로 마음속 사연을 쏟아놓고 나눔을 가질 수 있는 단순 공간이어야 합니다. 지금까지 우리가 잊고 살아왔던 주거 공간으로서의 개념을 잊지 않는다면, 비록 고층 아파트가 즐비하더라도 우리의 마음은 더이상 이기적 그 선에서 걸려 넘어지지 않을 것이며, 문명의 이기가 자아내는 교만한 성품의 소유자는 아니 될 것입니다. 또한, 서로의 마음을 나누며 위할 줄 아는 옥토와 같은 본래의 기질을 회복하게 될 것이라고 믿습니다. 그렇다면 안락함과 건축양식과의 상관관계에 대해서 알아보겠습니다.

CF. 2.

우리를 안락하게 해줄 건축양식은 어떤 것이 있는가?

저는 부끄럽게도 편리한 주거 공간의 형태라는 유혹의 일환이 낳은 아파트에서 식생(植生)하고 있습니다. 물론 편리함만 있다고 무작정 고집부리지는 않겠습니다. 대한민국의 건축 구조에 대한 긍정의 메시지도 내놓지 않겠습니다. 문제는 다분히 존재하고 있으니까요.

또한, 재산으로서의 집값 책정으로 인해서 사람들의 행복과 불행이 결정 지어지는 것처럼 판단하고 결정하는 형이하학적 개념을 존중하는 사람들과도 생각을 함께하지도 않습니다.

내 안에는 결코 아파트가 편안하다거나 재산의 고가치를 부여할 대상으로 인식됨을 부정하고 있는 유전자가 꿈틀거리고 있습니다. 덩달아서 기회가 주어진다면 어린 시절의 그 환경으로 귀환하고 싶을 뿐입니다. 그러나 문제는 돌아갈 전원으로서의 고향 땅이 없다는 것입니다. 어디를 가든지 이미 전원은 문명이라는 권력형 롤 모델로서의 재건축과 뉴타운 공사로 초토화되어 버린 지 이미 오래입니다. 도심지의 자본이 유입되어 전답과 농지가 사라지고, 그 대지 위에 건물들이 가득 들어서 있습니다. 논과 밭은 창고형 건물로 가득 들어차 있습니다. 전원이자 자연 생태 현장이 건물 천국이 된 듯합니다. 그리고 시건장치가 단단하게 그들과 인간 서로 간의 행간을 격리시켜 두고 있습니다. 슬픈 현상이 아닐 수 없습니다.

이는 저뿐만 아니라 건축에 명성을 드러내고 있는 전문가로서의 건축가들도 이의를 제기하고 있는 부분입니다. 그 예를 눈여겨보겠습니다.

첫째는 여백의 미로써 전원을 잃고 방황하는 사람들 이야기입니다

온갖 외세의 침략을 경험하고, 오랜 나날 식민지와 6·25 전쟁과 맞닥뜨린 우리나라로서는 발전이란 말에 쉽게 현혹이 되어 우리의 것, 우리의 혼을 잃은 것에는 아랑곳하지 않고 앞만을 향해서 달려왔습니다. 창의력을 잃고 모방하는 데만 혈안이 되어 앞만 보고 정신없이 달려온 것이 사실입니다. 그 후유증이 적지 않음을 21세기 오늘날 우리는 여실히 느끼고 진단하고 어디서부터 손을 써야 할지 방향을 잡지 못하고 있습니다. 이는 천민자본주의 중심에 우리를 세워 주고 윽박지르고 길들이는 형태를 취했다는 점에서 의식의 눈을 속히 떠야 하겠습니다.

건축가 승효상은 그의 저서 『빈자의 미학』(느린 걸음)에서 이 문제점을 다음과 같이 지적하고 있습니다.

"지금까지 일본을 지탱케 하는 무사도, 미국을 만든 청교도 정신, 영국과 동의어 개념이 된 신사도 혹은 중세의 기사도 등, 무릇 그 시대가 최고의 가치로 치는 이념 아래서 그들은 자신들의 독특한 문화를 일구며 전통과 삶의 방식을 오늘날까지 전해왔다. 그런데 조선 오백 년을 버티게 한 우리의 선비정신은 불행히도 지금 우리에게 전해져 있지 않다."

"침묵 - 벽체들은 이러한 공간들을 한정할 뿐이다. 이들 자체로는 존재하지 않으나, 세워져 있다면 그것은 형태 이전의 목적을 가진다. 벽체를 과장하는 것은 그 속에 만들어진 공간을 일그러뜨리는 것이다. 혹은 잘못된 삶의 형태를 이끌기도 하기에 이는 위험하지 않을 수 없을뿐더러, 그 자체만으로는 아무런 의미가 없다."

참으로 부끄러운 모습이 아닐 수 없습니다. 이것이 바로 우리 역사성의 민낯입니다. 우리의 것, 나의 것을 잃거나 빼앗긴 채, 무엇을 말할 수 있으며, 또한 타국인들에게 어떤 이야기를 들려줄 수 있겠습니까. 아주 부끄러운 일입니다. 외국 관광객들에게도 순수 우리의 것을 보여주고 알려야 함이 맞는 가치입니다. 롯데월드나 삼척 환선굴 등 지방 곳곳을 가 보더라도 서구식 놀이

터만 즐비한 자연성이 사라진 현상을 볼 때마다 마음이 아프고 부끄러운 것은 어쩔 수 없는 현실입니다. 이러한 문명의 산물을 곳곳에 조형물처럼 세워놓고 인제 와서 한국인의, 조선인의 잃은 정신을 찾겠다고 아우성 이는 모습들을 보면 어이가 없습니다. 이 모든 사회구조는 곧 인간사회를 망가뜨리고 가정을 무너지게 하고, 안식 공간을 잃은 이들로 인한 유목민적 기질의 변형으로 인한 각종 윤리, 도덕, 법적 문제를 낳게 된다는 점을 잊지 않으시기를 바랍니다.

둘째는 공간을 점유하는 이들의 가치 변화에 대한 요구입니다

건물은 단순히 재산상의 가치를 돋보이게 하는 상징물이요 조형물로서만 보는 시각에서 인식을 전환 시켜 그 안에 공존하는 존재자로서의 사람과 사람과의 관계성을 생각해야만 합니다. 그렇지 않다면, 주거 공간, 사무공간으로서의 건물의 가치는 21세기를 살아가는 사람들을 해할 무기요, 인간의 가치를 말살시키거나 트라우마를 자아낼 불온한 정신을 지닌 권력의 시녀로 전락하고 말 승산이 다분히 있습니다.

건축가 승효상 작가는 그의 또 다른 저서 『보이지 않는 건축 움직이는 도시』(돌베개)에서 두 가지로 지적하고 있습니다.

"건축을 굳이 어떤 장르에 집어넣으려 하면 인문학이라 나는 주장해왔다. 물론 기술이나 공학적 요소도 있어야 하고 예술적 성취도 이루겠지만 그것은 어디까지나 부수적일 뿐 건축을 포괄하지 못한다. 인류가 시작되어 집이 먼저 생겼지 기술이나 예술이 먼저 있었던 것이 아님을 상기하시라. 하이데거는 "인간은 거주함으로 존재하며, 거주는 건축을 통해 장소에 새겨진다"라고 했다. 건축이 우리의 존재 자체라는 말일진대, 건축은 눈에 보이는 것 이전의 문제인 것이다."

충분히 공감합니다. 이것이 바로 인간을 가장 편안하게 해주는 공간으로서의 '집'이며 동시에 '빌딩'이어야 합니다. 그런데 문명의 발전을 빙자하여 이 개념이 무색하질만큼 우리의 주거 공간은 상반된 결과물을 낳고 말았다는 것이 오늘의 현실입니다. 아주 두렵고 떨리는 우려의 상황이 연출 된다고 아니 할 수 없습니다.

승효상 작가가 위의 책에서 가장 극명하게 설명하고자 하는 말은 다음과 같습니다. 작가가 의도한 것이 이 의미는 아니라 할지라도 독자의 한 사람으로 내 마음속 깊게 와닿는 파라다이스적(천국) 주거 공간으로서의 '집'과 '빌딩'은 최소한 이렇게 되어야 한다고 믿는 것이며 또한 그 주장에 깊은 공감을 하는 것입니다.

"내가 믿기로는, 건축가는 건축주를 위해 일하지만 동시에 사회와 시민을 위해서도 일해야 바른 직능을 지닌 이다. 왜냐하면, 건축주가 자기 재산으로 개인의 집을 짓는다고 해도 길 가는 행인이나 앞집 사람도 그 집에 영향받을 수밖에 없기 때문이다. 따라서 좋은 건축은 집주인뿐 아니라 일반 시민의 이익도 지켜줄 수 있어야 한다. 어쩌면 건축주는 그 건축의 사용권만 가질 뿐, 소유권은 사회가 갖는 게 맞다. 건축이 목표로 하는 바는 단순한 부동산의 가치를 뛰어넘는 공공성의 가치라는 것인데, 이는 바로 건축이 지녀야 할 윤리를 뜻한다."

그런데 현실은 어떻습니까? 대한민국의 건축의 바른 방정식을 낳고 있다고 생각하십니까? 이 순간에도 이 문제로 인한 법정 공방이 줄어들 기미를 보이지 않는 것이 우리의 망국병처럼 자행되고 있습니다. 이것이 목격되는 현재의 삶 속에서 우리는 과연 행복하다고 말할 수 있으며, 이웃을 신뢰한다고 말할 수 있겠습니까? 순수 주거 공간의 의미는 아닐지라도 지나치게 의미 부여 재산 증식의 가치와 투기의 목적물이 되어 인간의 위에 군림하는 그 이상의 것이 되어서는 아니 되어야 비로소 집과 빌딩은 인간의 참된 가치와 존중을 위하여 필요 산물로 거듭날 수 있다고 할 수 있습니다. 최근의 집과 빌딩과 관련된 인간관계의 폐쇄적 갈등을 야기한 법적 예를 하나 들어보겠습니다.

저는 강원도 횡성에서 출생하여 유년기를 경기도에서 보낸 바 있습니다. 당시만 해도 제가 자란 유년기의 마을은 말 그대로 무릉도원(武陵桃源)은 아닐지라도 꽃피고 숲 우거지고 냇물이 마을 주변을 따라 흐르는 전형적인 시골 풍경을 지닌 인심 좋은 마을을 이루고 살아가고 있었습니다. 그러나 어느 날부터인가 도심지의 사람들이 자본과 함께 유입되어 땅을 사고 경계를 따지고, 그 대지 위에 도회지 풍의 건물을 짓고, 논과 밭은 현대판 창고를 가득 지으면서부터 사건이 확대되어만 갔습니다.

경계구역의 뚜렷한 구분 없이 건강한 마을 공동체를 이루고 살아오던 작은 마을 집집마다 소송의 회오리가 몰아치기 시작한 것입니다. 어느 날 사랑방이 헐려 나가고, 바깥마당이 갈아엎어지고, 소로가 사라지는 등 인심은 산산조각이 나 그렇게 인심 좋던 이웃들의 원수지간으로 둔갑해 버린 불행한 공간으로서 추억의 공간인 마을 인심이 이방인들과 토착민들과의 갈등과 법적 다툼으로 인해 괴물들의 집성촌처럼 변해 버린 것입니다.

그 이후 마을을 찾아가 보았을 때는 곳곳에 아는 사람보다는 모르는 사람들이 더 많았고, 저마다 경계구역을 알리는 시멘트 콘크리트 담장의 높은 키가 즐비하고 논과 밭은 빌라 타운이 들어서고 여전히 공장 및 창고형 건물이 빼곡히 들어앉아 마을의 숨통을 끊어 놓은 듯했습니다.

안락한 주거 공간으로서의 집과 빌딩이 이토록 투기의 수단과 목적으로 둔갑하면서 일어난 웃지 못할 몹시도 부끄러운 현상이 곳곳에서 일어나는 실정입니다.

이러한 무분별한 재산축적, 경쟁심리는 인간관계 사이와 사이에 넘지 못한 경계란 벽을 구축하였을 뿐 아니라 갑질 논란이란 문명의 분비물을 곳곳에 쌓아놓고야 말았습니다. 단순한 구도 경쟁이 아닌, 갑질의 논란이 된다는 점에서 고대, 중세에나 있었을 법한 노예 제도 혹은 조선 시대에나 존재했을 법한 양반 천민 개념의 계급구조를 형성할 요량으로 부정적 시대를 연출시키고 있는 것입니다. 이는 법으로도 되지 않는 오직 자본의 그릇된 논리로 인한 탐욕의 소산이라고밖에 형언할 수 없는 상황이 우리나라 곳곳에서 벌어지고 있는 것입니다.

이 영향력의 그릇된 문제는 이후로도 지속해서 짚고 넘어가겠습니다. 하여튼 사회의 최소 단위로서의 가장 소중한 가정이자 가족의 안락 공간으로서의 집과 생활공간이 빌딩(Bilding)에서 일어나는 탐욕을 멀리하고 온전한 자본주의로 거듭나야 할 시기라고 생각합니다.

셋째는 사람, 건축, 도시 그리고 영원성입니다

앞에서 말씀드린 바와 같이 사람의 탐욕이 자본의 영향권에서 그릇된 뿌리를 내리게 될 때 일어나는 일상에 대해서 잠시 생각을 해 보았습니다.

사람, 건축, 그리고 도시에 일어나는 일도 예외는 아닙니다. 어쩌면 도시의 결과물이 시골, 농촌의 주거 환경과 더불어 인심을 갈기갈기 찢어놓았는지도 모릅니다. 미안한 표현이지만 그것이 사실이라는 것을 부인할 수가 없는 현실의 뜨거운 문제로 등장 한지 오래입니다. 이미 시대의 주거 환경을 진단하고 개선의 의지를 피력한 건축가들의 예를 들어 우리가 주거 공간으로써 집과 사회 생활공간으로의 빌딩의 의미가 역행하는 것을 살펴보기도 했습니다.

이제는 면, 읍, 시, 도 어디를 가든지 아파트가 즐비하고, 빌딩들이 고층 벽을 이루어 답답할 정도로 가득 차 있음을 봅니다. 그 사이로는 차량들이 복잡한 행렬로 사고를 유발할 교통체증을 낳고 있습니다. 동시에 빌딩 사이사이에 들어선 유흥업소와 주거 공간으로서의 집, 학교, 학원, 종교시설과 운동시설 등 이미 건강한 조화를 잃은 것이 우리나라의 현실이기도 합니다.

승효상 작가는 이 부분에 대해서 다음과 그의 도서 『건축, 사유의 기호』(돌베개)에서 다음과 같이 설명을 하고 있습니다. 이 지적이 조금이라도 우리 도심지의 올바른 균형을 이루면 좋을 텐데 하는 아쉬움을 안고 소개해 보겠습니다.

"도시의 가로에 빼곡히 들어서 있는 건물들 가운데 이런 의미에 부합되는 건축을 구별해내는 방법은 무엇일까. 내가 믿는 한, 첫 번째는 그 건물이 합목적적인가에 있다. 즉 학교는 학교답게 교회는 교회다우며 사무소는 사무소로서 기능과 형태를 보일 때 이를 합목적적이라고 하고, 이는 건축이 갖추어야 할 첫 번째 목표이다. 두 번째로 장소성을 들 수 있다. 사하라 사막에 우리의 초가집을 지을 수 없듯이 이 땅에 짓는 집도 남의 땅에 짓는 집과는 엄연히 달라야 하며, 그 장소에 맞는 적합한 해석을 지닌 것이다. 이는 건축이 단순히 지형적·기후적 여건만이 아니라 역사적·문화적 맥락에서도 부합되어야 함을 말한다. 세 번째로 거론해야 하는 중요한 명제는 시대의 문제이다. 일반적으로 건축을 시대의 거울이라고 한다. 우리는 건축을 통해서 그 시대의 삶의 내용을 유추해내고 그 시대의 문화적 배경과 문화 형성의 과정을 알 수 있다. 건축사에 남은 걸작들은 언제나 한 시대의 빛나는 정신으로 충만해 있다."

우리나라의 집이나 빌딩을 볼 때, 여러분들은 어떤 생각을 하고 있습니까? 아파트 벽면의 컬러나, 구조 그리고 배치와 주변 공간을 고려해 볼 때, 지나치게 어둡고, 획일적인 구조와 배치된 상황을 볼 수가 있습니다. 이러한 주거 환경이나 사회생활의 공간으로서의 빌딩(건물)의 미래를 충분히 개선해야 할 덕목으로서의 지적이라고 할 수 있습니다. 그런 의미에서 승효상 작가는 집을 세우는 것에 대하여 덧붙여 설명하고 있습니다.

"집을 세우는 것이 아니라 짓는 것이라는 말이 우리에게는 더욱 익숙하다. 이 말은 '집은, 혹은 건축은 단순히 기술적·구조적인 측면에서 세우는 물리적 운동만을 의미하는 것이 아니라, 시를 짓고 밥을 짓듯이 어떠한 재료를 가지고 일련의 사고 과정을 통하여 뭔가 만들어내 가는 것'이란 뜻이다. 이는 우리 선조들이 건축을 가리켜 영조(營造)라 일컬었던 것과도 일맥상통한다."

충분히 공감하는 말입니다. 천민자본주의의 원리가 지배적인 현재 우리나라의 상황을 볼 때 참으로 아쉬운 일입니다. 종사자들로서의 기업과 소유권을 주장하거나 이에 공조하는 건축가들과 수요자들로서의 분양주 혹은 임차인들의 마인드나 철학적 개념에서 심각한 문제점이 발견되기도 하는 것이 현실입니다.

이는 갑과 을이란 신분의 격차 아닌 격차를 드러내는 대한민국에서 극성을 자아내기도 하는 천민자본주의 성향이 만들어낸 부정적이며 불온한 환경을 연출하는 임계점에 이르게 한다는 점에서 국민의 미래를 예측할 수 있는 아주 위험한 요소로 등장하기에 충분하다고 할 수 있습니다.

한국 건물에는 최소한 세 부류의 사람들이 인적 구조를 이루고 공존의 형태를 취하고 있다고 할 수 있습니다. 첫째는 지어진 빌딩(아파트 포함)주로서의 분양주(소유주)입니다. 이들 중 실거주자도 있겠지만, 임대주로서의 임대료를 목적으로 하고, 재산의 증여 차원에서 소유권을 가지고 있는 사람들입니다. 이들은 건물 인근 혹은 멀리서 생활하면서 통장으로의 임대료 수납 및 믿을만한 공인 중개사의 도움을 받아 임대차 계약 신규, 갱신으로 관리를 해오고 있다고 할 수 있습니다.

이들은 자식들에게 유산으로 물려줄 목적의식을 가지고 있으며, 재산 증식의 일환인 투자성 대가로 건물을 매입 혹은 판매하고 있는 것입니다. 두 번째로는 임차인(세 들어 사는 사람들)

입니다. 아파트도 그렇거니와 건물을 세내어 사무실을 운영하는 소상공인들을 지칭하는 것입니다. 보통 1년이나 2년 동안 임대차 계약을 하고, 그 장소에서 기업의 이윤을 창출하는 부류의 사람들입니다. 이 조직에서도 적게는 1인 혹은 다수의 종업인을 두고 업무 행위를 하고 있습니다. 그리고 세 번째는 이 주거 공간으로서의 아파트와 소상공인들의 주요 사회생활 공간으로의 빌딩 내 일부를 유지하기 위한 종사자들로서의 건물의 종합관리 회사에 소속되었거나 직영체제로 운영되는 시설 종합관리에 종사하는 사람들이 다수 공존하면서 구조를 이루고 있습니다.

사실 이 도서를 집필하기 위한 목적은 건강한 3자 구조(건물주, 임차인, 건물 유지 종사자로서의 인력)를 이루어야겠다는 소망이 깊이 내재 되어 있는 것이 주목적입니다.

이미 말씀드린 바와 같이 저는 30년을 인문학 종사자로서 그리고 생계의 현장에서 몸담고 가족을 부양하면서 공존 형태를 취해 온 이력을 통하여 건강한 사회, 행복한 인간들의 생활의 아쉬움을 일기장 혹은 시문학, 칼럼 등을 통하여 피력해 보았지만, 이번 기회에 한 권의 단행본으로 그려내고 싶은 마음을 실행에 옮기려고 결심한 결과물이라고 말씀드릴 수 있습니다.

그냥 생계 현장에서의 밥벌이 정도쯤으로만 30년을 건물 매니저로 살았다면, 어울리지 않는 표현이겠지만 인생을 허송했다고 밖에 내보일 것이 아무것도 없었을 것입니다. 저 스스로가 저 스스로 놀랍다고 거듭 표현을 되뇔지 모르지만 분명 한 것은 그런 삶을 부끄러워하지 않기 위해서 이 토론을 결정한 것입니다.

빌딩 매니저로서의 삶은 사회의 축소지향주의적인 환경을 낳게 한 빌딩을 통하여 사회와 시대상의 변화와 사람들의 성향 분석과 인간관계의 긍정적이고도 부정적인 양면성을 충분히 진단할 수 있는 공간이란 점에 대한 장점이라 생각하고 재직해 오는 동안의 경험을 충분히 살리고자 했다고 말씀드리고 싶습니다.

그만큼 집과 건물은 21세기 현대를 살아가는 모든 사람의 개별적 성향과 문화와 인간관계에 있어서 떼래야 뗄 수 없는 밀접한 관계 선상에 놓여 있다고 봅니다.

오늘날의 집과 건물에 대한 개념설정의 혼란한 혹은 잘못된 점에 대한 불편한 심기를 드러내고 있습니다. 저 역시 이 말에 크게 공감을 하면서 살아오고 있고 또한 건물 관리에 종사하며 이로부터 오는 결과물로서의 인간의 우울, 폭력적, 폐쇄적 인간 생활상을 작품(시, 수필, 칼럼, 문학 평론 등)으로 그려내 오고 있습니다. 결국, 인간성 상실의 현장을 관리하는 한 사람으로서 '인간성 회복'의 원칙에 목적을 두고 있다고 말할 수 있습니다.

건축가 정기용 작가는 저서 『사람, 건축, 도시』(현실문학)에서 이에 대한 중요성을 다음과 같이 강조하고 있습니다.

"우리 거주의 환경을 되돌아볼 때 도대체 '집'이란 무엇인지 적어도 지금쯤은 깊이 반추해야 한다고 생각한다. 왜냐하면, 인간이야말로 다른 동물과는 달리 지구 표면을 자신들이 편한 대로 변형시키면서 살아가는 유일한 생명체이기 때문이다. 단순히 지구의 생태계를 보존하자거나 지구환경이 살아야 우리도 살 수 있다는 생명 사상의 논리 때문만이 아니다. 집이 곧 우주라는 개념으로부터 집을 생각하고 그 가치를 살펴보는 것과 단지 평당 가격으로 집을 생각하는 것에는 하늘과 땅의 차이기 있기 때문이다."

지구라는 대한민국에서 공존하는 우리 국민의 지적 수준이 상당히 높아진 것이 사실입니다. 단순히 학구열 때문만이 아니어야 한다는 단서가 붙기는 하지만, 그만큼 독서와 연구 그리고 사유의 결실도 더불어 수준이 높아졌다고 봅니다. 문화 수준 또한, 예전에 비교하면 턱없이 발전되었다고 봅니다. 그래서 단순 투기 목적으로서의 집이나 빌딩이 아닌 순수 주거 공간으로서의 집이란 개념을 재설정하고 서로를 생각하는 이웃공동체적 삶이 요청되는 것입니다. 그런 맥락에서 위의 글을 숙지한다면, 지금보다는 좀 더 형이상학적 삶을 살 수 있다고 봅니다. 그럼에도 불구하고 대한민국 도심지는 긍정적 부정적 판도를 그려가면서 급변하고 있는 것이 현실입니다.

오랜만에 어느 한 도시를 찾거나 변방을 방문할 때면 깜짝깜짝 놀랄 때가 있습니다. 지형이 갑자기 바뀐 놀라움이자 탄식에서 비롯되는 회의감(懷疑感)입니다. 재건축이란 명목 아래 농지가 훼손되고, 녹지가 망가지고 어느 사이 고층 건물이 들어서게 되고, 도로가 재편성됨으로써 별천지에 와 있는 느낌을 받게 됩니다. 옛 자취는 온데간데없고 이기적 문명이 낳은 산물들로 조심스럽게 비집고 들어가 볼일을 보고 나와야 하는 순간 방문객으로 둔갑한 자신을 발견하고서는 이내 슬픈 기색으로 그 공간을 돌아 나와야 하는 자화상을 발견하기란 그렇게 어려운 일이 아닙니다.

그런 도시화 된 공간에서 공존하는 이들은 휴가철이 되거나 명절이 되면 본래의 고향이 아닌 그리고 녹지가 아닌 또 다른 안식 공간을 향하여 줄행랑을 치듯 탈출하는 행렬들을 심심치 않게 목격하곤 합니다. 정기용 작가는 위의 도서에서 「근대적 유적과 파괴 사회」란 논제를 가지고 이 문제에 대하여 다음과 같이 일침을 놓고 있습니다. 이 또한 21세기 오늘을 살아가는 우리가 꼭 기억하고 문제 삼아 개선의 의지를 피력하고 공동체적 미래상을 제시하기를 원하고 있는 눈치입니다.

"한국은 공사 중이다. 공사는 늘 파괴를 전제로 한다. 특히 2001년 봄부터 이 나라는 전 국토를 온통 공사 현장으로 만들고 있다. 이는 마치 전쟁터를 방불케 한다. 아니 분명한 전쟁이다. 전쟁이란 사람을 죽이는 것을 말한다. 어린아이까지도 말이다. 이 살벌한 전선에서 우리는 도대체 무엇을 죽이고 있는가? 생명을 횡단하는 역사와 기억을 닥치는 대로 처형하고 있는 것은 아닌가. 그리고 침묵하는 다수는 이 참혹한 광경을 멀거니 뜬눈으로 바라만 보고 있는 것은 아닌가. 이것은 물론 30년 넘게 지속되어온 현상이라 새로울 것이 없어 보인다. 경기회복에 일조하면서 전체 경제 시스템을 정상적으로 운용하기 위해서는 '건설'이란 이름의 공룡에게 '파과'라는 먹이를 주어야만 한다는 논리인가 보다. 외국인들에게 비치는 한국 국민의 열기란 파괴하면서 건설하는 광란의 몸짓이다."

한반도의 오늘을 살아가는 우리가 모두 충분히 새겨들어야 할 말입니다. 특히 국토건설을 주도는 정부 관계자들과 이를 리드하는 정치인들과 일선에 선 건설기업들과 일상 주거 생활을 하는 소비자로서의 국민이 마음을 열고 깊이 있게 반성 어린 생각을 모아 가야 할 일침이란 점에서 우리가 꼭 기억해두어야 할 직언이라고 생각합니다.

이 말은 또 어떤 의미로 들리는지 제시해드리고 싶습니다. 역시 정기용 작가의 말입니다.

"주택이 상품으로 시장에 나오면서 사람들은 시장의 노예가 되었다. 존재론적인 집은 복권처럼 확률 게임의 대상이 되어 온 가족은 새벽부터 아파트에 당첨될 꿈을 안고 줄을 선다. 거주는 확률 게임이면서 동시에 재산 증식의 테크닉이다. 사람들은 더이상 집에 거주하는 거주자가 아니라 재산관리인이 되고 말았다."

누군가의 대화를 소개해 드리고 싶습니다. 짧은 몇 마디의 이 대화를 여러분을 어떻게 생각하십니까?

"너 어디에 사니, 요즘?"

"아파트에 살아."

"현대야, 한양이야?"

"한양인데 32평짜리야."

사실 위의 말도 지나간 옛말처럼 들리는 것이 현실입니다. 이것이 오늘의 우리의 주소를 잃은 일반적 사람들의 주거 이슈이자 재산 증식에 영혼을 잃은 이들의 공통적인 대화가 되고 있음에 대해서 여러분은 어떻게 생각하십니까? 만약 이들의 대화에 동의한다면 여러분들은 시대의 주거 환경의 노예가 되었다는 증거이며 반대로 이에 반대의견을 제기한다면 그나마 건강한 정신의 소유자로서 앞으로도 희망이 있다고 할 수도 있습니다. 그렇지 않은 사람들의 삶과 영혼을 놓고 진단할 때 회의적이라 아니 할 수 없습니다. 정기용 작가는 위의 문제를 단적으로 다음과 같이 지적하고 있습니다.

"오늘날 우리가 '집'에 살지 않고 아파트에 살며, 어느 '동네'에 살지 않고 기업체의 이름 속에 살고 있음을 위의 간단한 대화에서 알 수 있다. 이렇듯 우리는 일상적인 삶 속에서 간단히 표현된 말이 우리의 환경이 되고 정보가 되고 있음을 본다. 이런 점에서 흔히 건축가나 도시계획가가 공간을 만든다는 말에는 이의를 제기할 여지가 있다. 이렇게 만들어진 사고들은 하나의 기호가 되고 기호가 본질적으로 사회적이란 의미는 여기에 있다."

참으로 슬픈 현실이 아닐 수 없습니다. 웃을 수도 없고, 웃지 않을 수도 없는 심각한 일입니다.

그렇지 않아도 인간성 상실을 심각하게 느끼면서 살아가는 시대에, 인간의 가치가 물욕의 그늘에서 평가 절하의 대상이 되고 있는 시대인 것을 감안 할 때, 위의 사실적인 문제들을 그냥 가볍게 넘길 수도 있겠으나 알고 보면 인간 세상을 향한 미래의 어두운 면을 미리 예견하는 듯한 인상을 주어 내심 불편한 것이 사실입니다.

성별의 구별이 모호하고, 대한민국의 삼강오륜(三綱五倫)이 이미 어느새 교육 현장과 인문학 그리고 역사교육 현장에서 보이지 않은 것이 오히려 아무렇지 않게 여겨지는 것 같은 시대에서 우리는 형이하학적 물질론에 모든 영혼을 빼앗겨 버린 것 같습니다. 장유유서(長幼有序)의 틀이 무너져 사회 곳곳에서 인간의 가치를 폄하 지킨다는 것도 참으로 어려운 일이 아닐 수 없습니다.

그런데 주거 환경마저 이렇게 획일적으로 변화를 꾀한다면 현대를 살아가는 우리 인간이란 피조물의 미래가 심각하게 우려된다고 할 수 있습니다.

승효상 작가는 저서 『지문(地文 -LAND SCRIPT)』(열화당)에서 '윤리의 건축'에 대해서 다음과 같은 글을 남기도 있습니다.

"우리 선조들은 건축을 할 때 먼저 땅과 건축 사이의 윤리를 따졌고, 건축과 건축의 윤리를 따졌으며, 건축과 사람 사이에 존재하는 관계를 따졌다. 노동을 뜻하는 건축(建築)이 아니라 가꾸어 만드는 영조(營造)라고 했으며, 집은 그냥 물리적으로 세우는 게 아니라 사유의 과정을 통과해서 짓는다고 했다. 그것이 모든 건축술의 첫째 요강이었다. 그래서 우리의 건축은 자연과 조화하고 주변과 조화하며 인간과 조화하고 전체가 조화한 풍경을 그렸다. 그러나 조화보다는 언제나 지배와 복종을 강조한 서양 건축이 드디어 새로운 시대에 즈음하여 새로운 패러다임을 찾고 있었던 것이다."

이러한 식의 건축양식과 문명 마인드에 입각하여 건축된 '집'과 '빌딩'으로 인한 문제가 인간의 영혼과 관계성, 개별적 행복과 불행을 결정짓는 결과를 빚어 온 것이 사실입니다. 전에서도 밝혔듯이 이 도서의 주제를 부지 말한다면 그 문제성을 진단하고, 처방 및 대처방안을 모색하는 것이 주목적이라고 해도 과언이 아닙니다.

승효상 작가는 같은 도서에서 〈도시와 땅〉이란 제목의 글에서 위의 문제점 지적과 함께 또 하나의 문제점을 지적하고 있어서 함께 공유할까 합니다. 이 또한 대한민국의 국토를 유린하고 인간과 인간을 단절시키고, 지형적 기후적 문제점의 발단이 된다는 점에서 이 시대를 살아가는 모든 사람이 더불어 심사숙고(深思熟考)해야 할 사안이라고 생각합니다.

"문제는, 서구에서 이미 폐기된 듯한 마스터플랜이 우리 고유의 땅을 유린하기 시작했다는 것이다. 서구의 마스터플랜은 그래도 도시에 대한 목표가 있었고, 오랫동안 도시공동체를 건설해 온 전통과 사회구성에 대한 치열한 담론을 통해 잉태된 것이다. 그러나 철저히 정치 권력과 자본 권력이 야합해서 만든 우리 신도시들은 이 마스터플랜을 전가(傳家)의 보도(寶刀)처럼 여기며 맹종하여 이 땅을 개조한 결과였다. 신도시가 들어설 땅에는 고유한 수많은 역사가 담겨 있었건만 철저히 무시당해야 했다. 아니다. 기존의 흔적은 거추장스러웠으므로 지워져야 했다. 오랜 삶의 터들은 그 속에 구축된 건축과 함께 순식간에 사라져야 했으며, 산이 있으면 깎고 계곡이 있으며 메우고 물길은 왜곡되어야 했다. 건축가 정기용은 이에 대해 '터는 사라지고 개발할 면적만 남아 있다'라고 한탄했다. 그러나 우리는 이걸 새 역사의 창조라며 기뻐했다."

이로 인해서 우리 모두 옛 흔적을 잃고 말았습니다. 다시 말하면서 우리는 우리의 흔적을 잃게 되었으며 동시에 역사와 고향을 잃게 되었습니다. 터전을 잃게 된 것입니다.

터전을 잃은 유랑민 혹은 실향민과 디아스포라 인생이 되어서 매번 명절이 되고, 휴가철이 되면 어디론가 떠나야 직성이 풀리는 유목민적 운명으로서의 삶을 살고 있습니다. 그러나 그곳도 우리의 땅이 되지 못하여 영혼은 더욱더 곤고한 상태가 되어 분노와 불안 요소를 안고 살아가야 하는 고아 아닌 고아, 방랑자 아닌 방랑자, 이방인 아닌 이방인이 된 셈입니다. 이는 건강한 자아로 시대를 살아간다기보다는 불온한 자아가 되어 관계성에 치명상을 안겨 주는 자아로 늙게 되는 주범이 된다는 현상을 빌딩 매니저 생활을 하면서 충분히 목격해 오고는 있다고 말씀드릴 수 있습니다.

하이데거(Martin Heidegger, 1889-1976)는 인간은 정주함으로 존재하며 시적(詩的)인 자만이 정주할 수 있다고 했습니다. 정주한다는 것은 땅에 삶의 흔적을 남기는 일이며 기억을 적층하는 과정입니다.

그러나 우리에게 땅에 남겨진 기억은 새로운 역사를 창조하기 위해 사라져야 하는 폐습이고 구악이었으므로, 우리는 항상 기억상실을 강요받았으며, 따라서 우리 모두 터무니없는 삶을 살고 있습니다. 과거는 지나가 있는 것일지니, 그냥 지나간 것으로 압니다. 이상은 승효상 작가와 동료 건축가들이 같은 목소리로 시대의 무분별한 개발을 우려하여 비판하고 있는 바로 그 명제인 것입니다.

이는 비단 의식 있는 그리고 사람들의 주거 공간으로서의 자연성과 인성의 밀접성을 연구하고 관심을 고조시키는 건축가요 건축 작가들뿐만 아니라 인문학자들이 함께 고민하는 사항이란 점에서 이후부터라도 관심을 가지고 생각해야 할 과제라고 보고 싶습니다. 그 이유는 이 건물을 중심으로 인간의 생존게임이 지속적으로 진행되고 있기 때문입니다. 이는 달리 삶의 질이 결정되고, 인간의 행복과 불행의 결정적 요소가 될 뿐만 아니라 인간의 가치관이나 인격 및 인간관계 성에 미치는 영향력이 작지 않다는 결과를 낳게 되기 때문입니다.

〈주거공간으로서의 가정의 의미를 생각하게 하는 시〉

맨발 / 김기택

집에 돌아오면

하루종일 발을 물고 놓아주지 않던
가죽구두를 벗고
살껍질처럼 발에 달라붙어 떨어지지 않던
검정 양말을 벗고

발가락 신발
숨쉬는 살색 신발
투명한 바람 신발
벌거벗은 임금님 신발

맨발을 신는다

제3부

공간에 갇힌 사람들 이야기

이 장에서는 그동안 나누고 싶었던 생각들을 터놓고 구체적으로 더 나누고 싶다는 생각으로 접근하려고 합니다.

얼마만큼 충분히 공감대를 형성할 수 있을지 예상할 수는 없겠으나, 다루고자 하는 주제가 현실 문제이고 우리의 가장 중심 과제라는 점에서 꼭 한 번은 짚고 넘어가야 비로소 21세기 산업사회 중심에서 살아가는 인간으로서의 정체성과 생활공간을 개선 혹은 변형시켜 이후의 삶에 더 나은 유익과 가치 그리고 인간성을 회복함으로써 얻어지는 그 행복을 찾아가는 여행이 될 것으로 믿기 때문입니다.

이는 제가 30년 넘게 직장생활 특히 건물 매니저로 종사하면서 그 생활면을 인문학적으로 경험하고 진단하고 깨달았던 사례와 사유의 결실이란 점에서 충분히 나눌 수 있는 가치라고 생각합니다.

한반도 주변을 둘러보면 건물이 없는 곳이 없으며, 고층 건물이 즐비하여, 온통 건물 숲이요 건물 밀림이 형성된 듯합니다. 옛 골목이 아닌 건물 사이로 난 골목으로 한참을 돌고 돌아야 비로소 다정한 사람들을 만나 차 한 잔 나눌 수 있게 되는 그런 인공적, 문명적 생활환경으로의 전환이 놀랍도록 구축된 것이 현실입니다.

한 건물을 중심으로 실태를 파악할 때 출입하는 인구의 밀도 수도 적지가 않고, 그 건물 안에서 종사하는 생계형 근로자들의 수효도 적지가 않습니다. 또한, 그 건물에서 일어나는 크고 작은 도덕적, 윤리적, 법적 문제의 다양성 또한 무리수를 떤 채 우리의 삶을 유/무형으로 압박하고 공습하고 있다는 점에서 가볍게 넘길 수만은 없는 일입니다. 문제는 그들이 서로 건강한 유기적 공동체를 이루고 살아가는가에 대한 의문으로써 여전히 남아 있다는 것입니다. 이 글이 그 문제를 향해 접근하고 개선하는 솔루션 역할을 할 수 있다는 기대를 품고 시작한 것입니다.

지금까지 생계형 전선에서 일과 인문학적 행보를 병행하면서 참으로 많은 다양한 분야에 종사하는 유형의 사람들을 만나왔습니다. 그들을 통해서 배운 것도 많고 적지 않은 감동도 받아왔지만 반대로 삶의 회의와 상처도 많았음을 고백합니다. 그러니까 이 사회는 애증(愛憎) 덩어리로 단단히 얽혀진 관계가 복잡한 각별하게 신경을 쓰지 않으면 개개의 가치 행복을 찾을 수 없음은 물론 건강한 사회를 만들 수 없음을 알려드립니다.

모두가 대한민국에만 존재하는 듯한, 천민자본주의가 낳은 부정적인 현황으로부터 발기(發岐)되었다는 생각을 지울 수 없게 하는 원인자들이 사회 도처에 만연하고 있었던 것을 누군가가 나서서 알려야만 한다는 데 공감하고 있습니다. 그 심각성이 만천하에 드러나기 마련이라는 생각에 제가 그 발설의 장본인이 되어야 함을 자청한 것입니다. 저는 그것을 사회적 진단 책임이라고 보고 싶습니다.

그 진단이 선행되어야만 치유든 치료든 그리고 개선이든 발전이든 일어나는 법이니까 말입니다. 그렇다고 이 사회가 겪고 있는 문제의 모든 것을 이 한 권의 도서에서 다룰 수는 없습니다. 사회의 전반적인 문제와 해결안을 제시할 만큼 다양한 지식을 배양하고 있는 것도 아니거니와 지면의 한계가 있다는 것 또한 명백한 사실인 까닭에 제가 입문하고 30년 경험해 왔던 직장으로서의 사회성과 '집'과 '빌딩'에서 일어났던 갖가지 사건 사고들을 중심으로 사람과 물질, 사람과 사람, 사람과 문명의 산물로서의 수많은 유·무형의 것들을 대상으로 상호관계성 그리고 자기 개발의 시급함을 나누고, 건강한 발전을 지향해나가는 일에 말을 거는 것이 전부입니다.

그러나 알고 보면 이것이 바로 인간의 가장 극명한 전체를 다루는 계기가 될 수도 있다는 점에서 진지하고도 솔직담백하게 접근하고자 합니다. 이제부터는 독자들이 제 동료이며, 직장동료와 동료들의 가족, 친인척 이웃들이 곧 제 독자가 되어 더불어 호흡하여 건강한 사회를 위한 좋은 결과를 도출해낼 수 있다고 믿습니다. 그래서 희망적이라고 확신합니다.

어떤 모습으로 누군가에게 그리고 어느 단체를 위해서라도 일말의 쓰임을 받고 간다는 것은 창조의 원리를 믿고 살아가는 그리스도인 인문학자요 시인이요 문학평론가의 삶을 돌아볼 때 참으로 다행이며 또한 감사한 일이 아닐 수 없습니다. 더 이상의 후회나 아쉬움이 없다고 고백할 수 있습니다. 지금까지의 문학 활동에서 다루고 있던 주제들이 이 문제점에서 벗어나지 않고 있으며, 이와 유사한 거시적 안목에 초점이 맞추어져 있기 때문입니다. 또한, 이 글들은 그 연장선상에서 씌어 지고 있다고 보면 맞는 답입니다. 이점에 해서 좀 더 구체적으로 생각해 보기로 하겠습니다.

CF. 1.

건물의 진정한 가치를 어디에 두어야 할까요?

재산 가치로서의 부동산 문제가 마치 역대 행정부 정책의 전부인 것처럼 뜨거운 이슈가 되고 있는 것을 볼 때, 이는 대한민국 안에서만이 이슈가 되는 것 같아서 마음이 씁쓸하기도 하고 동시에 부끄럽기도 합니다. 단순히 국토가 양분된 역사적 아픔이 자아낸 결과로서의 국지적 이유가 전부인 것처럼 말할 수도 없는 웃지 못할 일들이 지금 대한민국 분위기를 조장하거나 리드하고 있다는 것 하나만을 볼 때도 한없이 부끄러운 일입니다.

그렇다면 자연 숲 우거진 환경이 아닌 빌딩과 빌딩의 숲에서 태어나서 성장하고 관계하며 일생을 맞이하는 피조물로서의 인간은 과연 어떤 존재이며 어떤 의미를 품고 살아가야 하는 그 무엇인가? 생각하지 않을 수 없습니다. 이 책에서는 단순 집이나 빌딩의 성격을 이야기하고자 하는 것이 아니라 그 구성원들로서의 특징 즉 삶과 공동체적 모순과 관계성과 정신적 곤고함

등 다각적인 문제와 방법을 다루고자 함이 그 주된 목적이라고 할 수 있습니다.

기억의 저편 역사적 사실을 생각지 않아도 불과 얼마 전의 일을 생각해 보겠습니다. 분명 집과 빌딩은 단순 주거공간이며 동시에 사회생활의 활동 공간 그 이상의 의미로써 이렇게 심하게 대두된 적이 없었습니다. 그런데 언제부터인가 생활공간으로서의 건물이 돈의 가치의 선두를 점유하게 됨으로써 발생하는 문제와 불온한 환경으로서 연출되고 있음을 볼 때 문제는 다분히 있다고 봅니다. 또한, 재산축적의 제1 순위로서의 부동산이 투기의 목적이 되고 있다는 것 하나만을 놓고 볼 때도 건강치 못한 정치, 정책 등이 대한민국의 미래를 리드하는 불운을 낳게 한다고 할 수 있습니다. 자연스럽게 그 공간을 중심으로 일어나는 문제의 심각성을 배제할 수 없음 또한 대한민국이 충분히 고려해야 할, 미래 주거 문화와 경제성장을 위해서라도 반드시 지양할 책무가 되고야 말았습니다.

이 자리를 통해서 빌딩 공간을 중심으로 벌어지고 있는 문제와 상황에 대해서 깊이 있게 충분히 나누어 볼 수 있어서 다행입니다. 더욱이 그 토론의 장을 이 작은 도서가 감당할 수 있다는 것만으로도 안도의 숨을 쉴 수 있어서 감사할 뿐입니다. 조금 더 깊이 있게 생각해 보겠습니다.

첫째로는 건물의 의미 또는 관리의 주체로서의 사람들에 대한 상황입니다

법령 조문의 주택건설 촉진법 제 1조(목적)를 보면 다음과 같이 명기되어 있습니다.

"이 법은 주택이 없는 국민의 주거 생활의 안정을 도모하고 모든 국민 주거수준의 향상을 기하기 위하여 주택의 건설· 공급과 이를 위한 자금의 조달· 운용 등에 관하여 필요한 사항을 규정함을 목적으로 한다."

위의 주택건설 촉진법을 볼 때, 대한민국의 주거 정책과 투기성 건물의 매입은 분명 법의 취지에서 많이 어긋나 있음을 발견하기란 어렵지 않은 일입니다. 즉 기형적인 발전으로 치달아 온 것이 사실입니다. 이 불온한 관계성이 대한민국의 시장경제와 주택 공급망을 주도하는 만큼 분명히 문제가 되고 남음이 깊습니다. 그 문제성이 주도하는 사회구조 및 인적 구조에는 함부로 그리고 가볍게 처리할 수 없는 골이 깊게 놓여 있는 것이 사실입니다. 이 현안을 서둘러 차분하게 수습하여 새로운 주거 환경을 조성하지 않으면 그 해결안을 마련하는데 드는 시간과 재정 그리고 기술제공자로서의 인적 구조로 인한 어려움이 많이 따르게 될 것이 분명합니다. 많은 부정적인 경제적 범죄의 온상이 되어서는 건강한 가정, 건강한 사회, 건강한 민족이 될 수 없다는 것을 기억하시길 바랍니다.

또 집합건물법의 소유 및 관리에 관한 법률 재 5조(구분 소유자의 권리 및 의무 등) 각항을 보면 다음과 같이 기록되어 있습니다.

① 구분 소유자는 건물의 보존에 해로운 행위나 그 밖에 건물의 관리 및 사용에 관하여 구분 소유자 공동의 이익에 어긋나는 행위를 하여서는 아니 된다.

한 개의 건물이 유지관리 되기 위해서는 각 건물의 소유주 중심의 멤버로서 관리단과 이를 조력(견제)하기 위한 관리위원회, 대의원으로 구성되어 있으며, 실제적인 관리를 하는 관리객체로서의 서비스업태로 관리회사를 두어 관리하고 있습니다. 관리회사는 전문성을 둔 유지 보수업체와의 계약을 체결, 해당 건이 발생할 때마다 계약 및 갱신을 반복하여 건물 유지를 돕고 있습니다. 위의 구성원들에게는 각종 자격을 가진 인원을 고용하고 선임하여 일정한 교육을 이수 후 지속적으로 근무토록 하고 있습니다.

문제는 이 유기적 관계가 원활하게 연합하여 건물 관리를 통하여 삶의 의미를 부여하면 문제가 없는 법인데, 그렇지 못한 까닭에 대부분 빌딩과 그 주체와 종사자들 간의 대립이 성행된다는 것으로부터 문제가 돌출되고 있는 것이 또한, 사실입니다. 매번 매스컴을 뜨겁게 달구는 기사도 이로부터 발생하는 갑질 논란 때문입니다. 그 밖에도 내부(관리단 내부 속 이권 개입으로 인한 송사)적으로 크고 작은 일들이 빈번하게 일어난다는 데 문제가 있습니다. 이 문제는 종사자 개개인의 삶과 정신세계에 미치는 악영향을 고려할 때, 시급하게 개선되어야 할 문제임이 틀림없습니다. 불행하게도 한국 정서상 쉽게 개선될 여지가 보이지 않는다는 것이 더 큰 문제입니다.

갑과 을의 관계는 상호보완의 관계이지, 주인과 하인 즉 수하(手下)라는 수직적 관계를 정립시켜 놓아야 할 것이 아님에도 불구하고, 대한민국의 정서가 이를 따라가지 못함으로부터 오는 문제란 점에서 심각한 트라우마 내지 물리적 사건과 사고의 주된 원인이 된다는 점을 잊어서는 안 됩니다.

다시 말씀드리면 빌딩을 중심으로 일어나는 다툼은 크게 두 가지로 설명할 수 있습니다.

첫째는 건물 관리 주체로서의 소유주와 소유주들의 보이지 않는 이권 다툼으로 인한 소송이 연속적으로 발생한다는 것이고, 둘째로는 소유주들과 관리의 객체로서의 종사자들 간의 갑질 논란으로 인한 소송이 그 뒤를 잇는다고 할 수 있습니다.

이 모두는 위의 집합건물법이나 공동주택관리령 각 항을 명백히 위반함으로써 일어나는 일이며 동시에 소탐대실(小貪大失)로서의 탐욕이 불러온 까닭으로 일어난 현상입니다.

이 분야에 오랫동안 종사를 해 온 한 사람으로서 느끼는 그 우려는 아주 심각할 수밖에 없습니다.

종사자들의 잦은 이직을 비롯하여 가장이자 사회의 구성원으로서의 중년기에 처한 이들에게 거는 기대가 자못 크고 놀라운 법인데, 이들이 겪는 트라우마는 희망의 불씨를 꺼 버리는 혹독한 비바람이 되어 종사자 개인과 그의 가정을 향한 부정적 작용을 하게 되고, 그들이 지닌 무의식과 의식에 비판적, 부정적, 반감, 적대 의식마저 들게 하여 그 결과적 감정이 어디서든 폭발하게 된다면, 그 후폭풍은 예상할 수 없는 치명적인 사건 사고와 직결되고, 개개인의 감성에 미치는 부정적 영향력을 비롯하여 한가정에서 발생하게 될 불행의 불씨로 이어질 수 있음을 사회는 쉬 간과하고 있는 듯합니다. 더욱 우려되는 것은 국가적 문제로도 확대될 수 있음을 우려하는 것입니다.

다시 말씀드리지만, 한 개의 빌딩이 유지되기 위해서는 마땅히 다년간 경험이 있는 전문 인력이 정 위치에서 지속적으로 오랫동안 근무해야만 안정성이 보장되고 유지 가능하고, 그 건물의 구성원들로서의 소상공인과 업체가 기업의 이윤을 창출시키고, 사회적 기업으로써 뿐만 아니라 국세의 의무를 성실히 감당하게 됩니다. 그래야만 건강한 국가가 되는 것입니다. 건강한 국가. 부국강병을 이룬 국가는 작은 일 개인의 건강한 정신과 관계성 그리고 가치관으로부터 빚어질 때 비로소 가능하다는 것을 잊어서는 안 됩니다.

그런데 그런 관계가 유지되지 못하고 있다는 점에서 대한민국 정서와 경제에 어려움이 가중되고 있으며 또한 그 나라는 세계적으로 경쟁력을 잃게 되거나 국민의 한 사람 한 사람의 정신건강과 육체적 건강 그리고 인생관이나 행복 지수에 심각한 타격을 주게 되는 경우가 있습니다.

마르틴 베를레가 지적한바 『나는 정신병원으로 출근한다』(라이프맵)는 탄식이 곳곳에서 울려 퍼진다면 그 사회가 건강하다고 말할 사람은 단 한 사람도 없을 것입니다.

"당신이 가진 가장 값진 자산으로 바로 당신의 의욕과 건강, 일에 대한 만족입니다. 당신이 회사라는 이름의 '정신병원'에서 병들어간다면, 당신이 일할 의욕을 잃고 발전하지 못한다면, 제아무리 좋은 직장인들 그게 다 무슨 소용이 있겠는가?

정신병원이 아닌 직장, 당신에게 딱 맞는 직장을 찾는 것은 사치가 아니라 필수다. 그래야만 잠재력을 발휘할 수 있고, 심신의 건강을 지킬 수 있으면서 행복한 직장생활을 유지할 수 있다."

위의 글에서 마르틴 베를레가 주문하는 것은 빌딩의 소유주들이나 기업 총수의 마인드의 전환이기보다는 종사자의 의식 전환에 더 초점을 맞춘 듯 보입니다. 제가 이 글을 쓰는 것도 베를레와 유사한 목적에 무게를 두고 전하는 말입니다. 왜, 천민자본주의 혹은 졸부 근성에 맥이 가닿아 있는 가진 자들의 의식 전환은 근로자들보다는 덜 유동적이고, 고정적이기 때문이란 것이 지금까지의 인문학 부재의 현장이 주도하는 대한민국의 부(富)의 현장을 철저하게 진단하고 그 결과물로써 돌출해 낸 개인적 보고서를 중심으로 낸 지극히 현실 문제이기 때문입니다.

참으로 안타까운 현실이 아닐 수 없습니다. 제가 빌딩 매니지먼트사에 종사하고, 그 문제성과 신축성 있는 발전을 위해서 노력한 바에 의하면 충분히 유동적인 종사자에게 변화의 초점을 맞추고 긍정적 발전이란 명분으로 변화의 요청을 드리는 것이 훨씬 더 수월하다는 생각이 앞서는 것은 더 이상의 기우가 되지 않는 참된 대안이라고 생각하는 것이 그나마 다행스러운 일입니다.

그런 건강한 관계가 맺어질 때 비로소 빌딩을 중심으로 벌어지고 있는 생계 현장이 평안하고도 원활하게 그리고 행복한 업무 분위기가 자연스럽게 조성된다고 할 수 있습니다. 이로 인해서 업무의 효율성과 재산적 가치가 절로 상승한다는 것도 바로 유기적 공동체의 건강성으로부터 시작된다는 것을 잊지 않으시기를 바랍니다.

1년, 2년 등 단시간 행해지는 고용계약과 관리비를 줄이겠다는 일념 하나로 인적 구성원을 감원한다는 점에서 또한 관리회사를 단 년 계약으로 변경하는 것과 최저 도급비 및 위탁 관리비를 마냥 줄여야겠다는 그릇된 목적에서의 최저가 입찰로는 건물의 효율적인 그리고 가치 있는 건물 유지관리에 치명적일 수 있음을 잊어서는 안 됩니다. 그뿐만 아니라 수선유지를 위한 결재 라인에도 상당 부분 문제가 있습니다. 그러나 이 자리에서 다루기에는 턱없이 부족하고 산만하여 추후 기회가 되면 별도로 다루겠습니다. 아무리 문명이 발달했다고 해도 일은 사람이 하는 것이지 기계가 알아서 이동하면서 척척 해대는 것이 아니란 점을 기억해 주기를 바랍니다. 기계는 인간의 두뇌와 손에 의해서 작동하는 시스템이자 수단에 지나지 않는다는 것을 잊어서는 안 됩니다. 그 기계들을 지나치게 믿어서는 안 된다는 말입니다.

이 직종에 30년 종사하면서 동시에 인문학을 병행하면서 살아왔다면, 가식이나 우격다짐으로 하는 것이 아니란 것을 알게 될 것입니다. 또한, 그릇된 성향에서 비롯된 행위가 아니라는 것과 지금까지 하는 말들은 충분히 건물 관리상 그리고 인문학 사유로 인한 희생을 담보로 얻어낸 결과물이란 점에서 법적으로 준 효력을 발휘한다고 해도 과언이 아닐 만큼 전적으로 사실적인 대안이란 점을 확신합니다.

공동체적 관계, 상호보완의 관계를 가장 극명하게 밝히고 있는 철학자를 들라면 단연코 "타인의 얼굴" 에 대한 연구논문을 꾸준히 발표해 온 레비나스를 들 수 있습니다.

강영안 교수는 『타인의 얼굴』(문학과 지성사)에서 다음과 같이 그 이유에서 설명하고 있습니다.

"타인의 얼굴은 나의 자발적인 존재 확립과 무한한 자기 보존의 욕구에 도덕적 한계를 설정한다. 타인은 거주와 노동을 통해 이 세계에서 나와 내 가족의 안전을 추구하는 나의 이기심을 꾸짖고 윤리적 존재로서, 타인을 영접하고 환대하는 윤리적 주체로서 내 자신을 세우도록 요구한다. 타인은 나의 존재를 위협하는 침입자가 아니라 오히려 내면성의 닫힌 세계에서 밖으로의 초월을 가능케 해주는 존재이다. 이러한 모습은 '분리'를 주체성의 가능 조건으로 보는 데서도 나타난다."

레비나스의 위의 철학 이론이 제시하는 것은 다소 해석적 차이가 있을지 모르지만, 대면, 비대면 상 관계의 중요성을 직시하는 부분이라고 할 수 있습니다. 타인은 그냥 적대적 개념이 아니라 내 존재를 가능하게 하는 숨은 공로자란 점을 명시해주는 상대어가 되는 것입니다. 즉 타인으로 인하여 나의 가치, 타인의 희생과 배려가 있기에 나의 삶에 새로운 모습으로 발돋움을 할 수 있다는 것이기도 합니다. 그러니까 우리는 모두 한배에 승선하여 목적지까지 순항을 목표로 해야 할 공동체 명분을 가지고 동행하는 거대 공동체원입니다. 길고 긴 항해 특히 파도치고 바람 불어 바다라는 수표면이 요동치는 예기치 못한 위험 선상에 놓일 수 있는 인생이란 대양을 횡단하는 거대 함선과도 같습니다. 이 상황에서는 누구 하나 중요하지 않은 사람이 없음을 기억하게 될 때, 빌딩관리 객체의 한 사람 한 사람(관리, 기술직, 보완 및 미화 등)이 다 지극히 중요한 지체입니다.

그래서 빌딩 주체로서의 관리단 구성원들과 입주사 및 입주민들과 종사자들 간 유기적 공동체가 긴밀하게 이루어지는 그 현장은 그만큼 활력이 넘치고 주거, 업무 환경이 새롭게 조성될 수밖에 없는 긍정적 발전이 자연스럽게 이루어지게 됩니다.

둘째는 건강성을 추구해야 할 유기적 공동체의 필수 과제를 생각해 보겠습니다

참으로 어려운 일입니다. 결코, 간단하거나 쉬운 일이 아니란 말입니다. 그럼에도 불구하고 우리는 이 방향성을 추구해야 하며, 목적성을 가지고 함께 노력해야만 합니다. 저는 지금까지 종사해 오는 내내 이러한 마인드를 가지고 노력해 오고 있음을 말씀드릴 수 있습니다. 이를 달리 말하면 '주인의식'이라고 할 수 있으며, '가족' 내지 '공동체 안에서 동료직원'개념 정도로만 격상 지켜 생각해도 그 현장은 충분히 건강성을 유지한다고 할 수 있습니다.

그래야만 질 좋은 서비스가 이루어지고, 활력 넘치는 서비스로서의 윤활유 역할을 하게 되는 것입니다. 그런 업무적 환경에서 사업을 추진할 때 소상공인으로서의 수익 창출 및 업무적 효율성은 극대로 배양될 수밖에 없게 되어 있습니다. 서로를 돌아보고 관심을 가지고 홍보대사 적 역할자로서 그리고 파트너십을 지닐 수 있다고 봅니다.

요즘은 크고 작은 그리고 정도의 차이는 있지만 대부분 아주 전문적인 분야가 아니면, 서로 조력할 기본적인 재능과 기술을 지니고 있다고 보면 맞는 말입니다. 이 역시 사람이 하는 일이기에 서로 의존적, 상호 도움이 필요하다면, 시간 절약과 업무의 효율성 면에서 볼 때, 경비를 줄일 수도, 있는 요원을 통하여 효율적인 상호 관리를 기대할 수 있습니다. 많은 사람이 이 유기적 건강한 공동체에 대해서 단 한 번도 생각해 보지 않은 주종관계, 갑과 을의 관계 정도에만 머물러 있었기에 효율성에 대해서는 생각해 볼 여유를 지니지 못한 것이 솔직한 이유이며 또한 현실입니다. 그런 면에서 볼 때 우리는 지금까지 비효율적인 생산구조를 가지고 왔으며, 그 조직 안에서 발생하는 비용의 효율성도 부정적일 수밖에 없으며 또한 유기적 관계성의 불협화음은 불을 보듯 뻔한 일입니다.

저는 이를 개선하기 위해서 근무처인 건물 공동체를 위해서 관할 시와 협연하여 '국악 사중주' 등 연주를 유치하는 것을 비롯하여, '그림'과 각종 '전시회'를 개최하기도 했습니다. 또한, 직원들의 자유로운 분위기를 조성하여 그들의 업무적 능력을 배양하고 있습니다. 빌딩 옥상에는 온갖 식목과 철에 맞는 꽃들을 파종하고 모종하여 빌딩 내 근로자들과 소유주들의 감성의 피로도를 덜어주려고 업무를 체계적으로 진행시키고 있습니다. 그리고 앞으로도 지속적으로 감성에 미칠 영향력을 고려한 크고 작은 다양한 이벤트를 준비할 계획입니다.

많은 사람이 관심이 없는 것 같아도, 그 영향력은 보이지 않는 손이 되어 그들의 영혼을 어루만지는 온기가 된다는 점을 확신하기 때문입니다. 그렇게 된다면 갑과 을 사이의 갈등이 아닌 상호 협력의 대상으로 진화될 수 있다는 것이 제 생각입니다. 급여 명목상 소량의 인상 금액에 따라서 쉬 이직을 결정하는 직원들의 이직률도 현격하게 줄어들 수 있다고 봅니다. 더군다나 추억 속 그 현장 주변을 지나게 될 때의 관리 전후의 추억을 생각하곤 자기 삶의 공을 스스로 드러내 만족스러워 할 수 있으며, 그런 공동체의 여건이 마련된다면 당연히 근무의 능률을 기대할 수 있다고 믿습니다.

단, 조건은 빌딩 공동체 안의 임대인, 임차인, 관계자를 비롯한 종사자로서의 갑과 을의 건강한 관계성이 이루어질 때 가능하다고 말씀드릴 수 있겠습니다.

전에도 밝혔듯이 제가 이 글을 쓰는 데는 크게 두 가지의 목적이 있습니다. 그 첫째는 하퍼 리(Harper Lee : 1926~2016)의 자전적 성장소설인 『앵무새 죽이기』(열린책들)가 다루는 주제 중 하나인 정의 그리고 심판과 관련된 문제("백인 중심주의가 유난히 심한 곳에서 정의의 저울이 늘 백인 쪽으로 기울어졌음을 비판하기 위함이고, 2백 년 전 건국의 아버지들이 천명했던, 그러나 지금은 빛바랜 민주주의 이상을 다시 한번 상기시켰던 것")를 다루듯이, 대한민국의 대표적인 갑질 논란이 끊임없이 일어나는 현장을 진단하고 세상에 알릴 뿐 아니라 그와 관계된 소유주들과 임차인 그리고 종사자들과의 유기적 공동체가 건강성을 회복하기 위함이 그 주된 주제입니다. 두 번째로는 종사자들로서의 근로자들이 자기 행복을 찾아 길 떠나는 여정에서 만나는 희망적인 소식을 전하기 위함이 그 두 번째 목적임을 말씀드릴 수 있습니다. 타인을 탓하기 전 내가 먼저 솔선수범하여 자기 개발과 발전을 꾀해야 함에는 너와 나 가릴 것이 없이 서로 노력해야 함이 맞는다고 봅니다.

셋째는 관리 종사자들로서의 탱크 역할을 해야 할 자기 개발이 수반된 인격에 대한 생각입니다

한 가지 기억해야 할 것은 우리가 문명의 소산을 잘 관리하고 이용하여 절대적 가치 행복을 추구할 것인가? 아니면 그 산물에 갇혀 독 안에 든 쥐처럼, 우물 안 개구리처럼 푸념과 불만, 불평 가득 머금고 고독하게 일생을 맞다가 쓸쓸하게 임종을 맞을 것인가? 아니면 여전히 자기 개발이란 명목 아래 가치 행복을 향하여 꿈을 꿀 것인가? 그 꿈을 지니고 만나는 모든 사람에게 에너지를 공급하고 신선한 바이러스를 퍼트릴 것인가에 대한 도전 의식을 가져야만 합니다. 그 책임은 분명 종사로서의 근로자 본인들에게 달려 있음을 잊지 않아야 합니다.

다시 말하지만, 이 글을 쓰게 된 내부적 동기는 위에서 언급한 바 있는 하퍼 리의 성장소설 『앵무새 죽이기』의 주인공인 스카우트의 이야기와 밀접한 연관성을 두고 쓰는 글입니다.

스카우트의 고통과 좌절을 겪으며 얻는 삶의 교훈으로부터 부여받듯, 나 역시 오랜 시간 갑질의 온상이 된 빌딩 매니저 생활을 통하여 느껴온 것이기에 충분히 참고할 가치가 있다고 봅니다. 한마디로 그것은 이 도서의 해설을 쓴 김욱동 작가의 말에서 일정 부분 빛을 졌다고도 할 수 있습니다.

"남에 대한 배려와 관용 그리고 사랑이다. 스카우트 말하자면 〈타자〉, 즉 사회적 약자에 대한 관심이 얼마나 소중한지를 깨닫게 된다. 그 자기 입장에서 남을 생각하고 판단하기보다는 이와 반대로 남의 입장에서 생각하고 판단해야 한다는 사실을 배운다. 이 작품의 마지막 장면에서 스카우트는 그토록 무서워하던 래들리 집 현관에 서서 자신의 집과 이웃을 바라본다. 늘 자신의 집에서 래들리 집을 바라보던 태도에서, 이제는 방향을 완전히 바꾸어 래들리 집에서 자신의 집을 바라보고 있는 것이다. 이렇게 달라진 입장에서 스카우트는 비로소 〈상대방의 입장이 되어 보지 않고서는 그 사람을 정말로 이해할 수 없다〉라는 아버지의 말의 참다운 의미를 깨닫는다."

비록 한국의 경제 구조상 일부인 빌딩관리 종사자들로서 갑질의 대상으로 온갖 수모를 경험하면서 당당하게 생존게임의 승자가 되기 위해서 노력하고는 있지만, 좀 더 포괄적이고 범 우주적 마인드를 잃지 말고, 넓은 마음으로 상대 입장에서 삶을 생각해 보고 우주적 마인드라는 광학 렌즈를 통하여 갑질을 일삼는 영혼을 자세하게 살펴보고 진단한다면 그들의 내면이 불쌍하고 어리석다는 판단을 얻게 될 것이고 궁극적으로는 그들의 영혼과 삶을 긍휼히 여기게 되는 결론에 이르게 됨을 발견하게 될 것입니다.

우리의 모든 행복과 가치는 여기부터 시작된다는 것을 잊지 않으셨으면 합니다. 이것이 바로 이기는 자들의 몫이며 함성이며 동시에 삶인 것입니다. 끝내는 궁극적인 생애 승자가 된다는 점을 기억하시기 바랍니다. 이는 하퍼 리가 그의 삶을 중심으로 한 성장소설을 집필하고 출간하여 지금까지 고전에 가까울 정도로 세계적 베스트셀러가 되어 읽히고 있는 이유이듯이 저 또한 30년 이상 같은 직종에서 종사하면서 느끼고 깨달은 바를 토대로 여러분과 그 아픔과 고통 그리고 고독한 생애를 나누고 싶고. 또한, 해결, 회복의 비결을 찾아가기 위함이란 것을 다시 한 번 말씀드리고자 합니다.

실패하고 게임에서 지는 자는 자기 처지를 비판하거나 상대를 비난하면서 안주하려고 하는 속성의 노예가 되는 사람입니다.

그러나 이기는 자는 거룩한 망명자적 의지와 목표를 설정하고 제 태어난 곳을 향하여 역류하여 나가는 연어와 같이 힘을 내고 동기부여를 자기 것 화하여 끊임없이 달려가야 합니다. 이것이 자기 개발의 중요성이며 동시 자기발전을 위한 이정표가 되어 거센 물살 중심으로 거뜬하게 거슬러 올라가게 하는 용기와 결단입니다.

살아있는 자의 포효가 아니고서는 결코 타인들의 탐욕의 노예로 전락하고 만다는 사실 하나 잊지 않기를 바랍니다.

CF. 2.

건강한 공동체의 삶을 위한 인성의 회복이 시급합니다

어쩐 일인지 대한민국의 서비스업태는 감정노동의 중심에서 비롯된다는 서글픈 결론에 직면하게 됩니다. 전자에서 밝힌 바와 같이 이 영역을 벗어나 있는 서비스 종사자들의 수효가 의심될 만큼 문제가 되고 있으므로, 그 현장에서 전해오는 비보(悲報)나 들려오는 아우성이 끊이지 않고 법정 다툼으로 이어지는 현장을 보게 됩니다. 송사가 세계에서 제일 많은 나라가 바로 우리나라라는 비공식 데이터를 가지고 있다는 것만으로도 부끄럽고 슬픈 일입니다. 그만큼 대화, 타협, 협상이 제대로 이루어지지 않고 있다고 보면 틀림없는 사실입니다.

이는 대한민국의 교육 시스템과 내용에 치명적인 문제를 낳고 있습니다. 학구열로도 그 부족한 고질적인 문제를 해결할 수 없다는 것이 더 큰 문제입니다. 교육의 내용과 질을 어디에다가 맞추느냐에 따라서 변혁을 꾀할 수 있음을 누누이 말씀드렸지만 어쩐지 대한민국만의 망국병처럼 교육의 문제는 심각하다고 할 수 있습니다. 홍익인간(弘益人間)과 삼강오륜(三綱五倫)의 교육 이념이 다시 조명받아야 하고 재정착해야 한다고 보는 것이 바로 이 때문입니다.

어느 민족, 어느 사회든 서비스는 좋은 의미로 들려지는 분야임이 틀림없습니다. 그럼에도 불구하고 한국에서는 감정노동이라는 굴레에 씌어서 환영을 받지 못하고 있는 실정입니다. 사람들이 저마다 종사하기를 꺼려하거나 정신적 스트레스를 호소해오고 있는 것만으로도 그 업태는 발전은커녕 사라질 위기에 직면하고 말 것입니다. 이를 달리 말하면 인간으로서의 대접받기보다는 그 대상을 종의 개념으로 낙후시켜 자존감을 말살하는 아주 불편한 관계성을 스스로 만들어 버리는 어리석은 결과물임을 언급하지 않을 수 없습니다.

건물 공동체는 원하든지 원하지 않든지 이미 재산으로서의 가치를 충분히 지니고 있습니다. 그런데 자신들의 재산을 관리하는 객체에 강요하는 감정노동과 갑질의 논란은 이율배반적 현상이라고밖에 마땅히 평가할 것이 없는 슬픈 상황입니다. 이는 장래를 내다볼 때, 자신의 재산적 가치를 훼손하는 역기능적 결과물을 낳게 하는 어리석고도 교만한 행위라고밖에 평가할 수 없습니다.

윤서영 작가는 『모든 직업에서 감정노동이 발생하다』(커리어

북스)라고 주장하고 있습니다. 웃어야 하는 것만이 감정노동이 아니라고 합니다. 맞습니다. 충분히 공감합니다. 문제는 "내 진짜 감정과 다른 감정을 표현하는 모든 상황이 감정노동"인 것입니다. 일 예로 다음과 같은 것이 있습니다.

"경비원이 주민에게 폭행을 당해 자살한 사건으로 감정노동자 보호법을 경비원에게도 확대한다는 발표가 있었습니다. 언제까지 각각의 직업군을 분류해서 어떤 것은 감정노동직이고 어떤 것은 아닌지 가릴 것인가요? 직업별로 감정노동 수준이 달라서 분류한다면, 같은 환경에서 개인별로 감정노동 수준이 다른 것을 어떻게 적용할 것인가요? 직업별·개인별 차이는 의미가 없는 일입니다. 선진국은 산업재해 인정기준을 '사고중심'이 아닌, '질병 중심'으로 적용합니다. 어떤 과정으로 감정노동이 발생했는지가 아닌, 어떤 질병을 얻었는가에 초점을 맞춥니다. 판사, 의사의 심리적 힘듦을 이야기한 에세이가 발간되고 있습니다. 그들도 일종의 감정노동자입니다."

이 판결을 위해서 윤서영은 감정노동 직업군의 정의를 위해서 끊임없이 연구해오고 있습니다. 이들이 있는 한 노동자들에게도 느리기는 하지만 희망이란 여명이 천천히 찾아오고 있다고 할 수 있습니다.

그뿐만 아니라 박종태도 『감정노동에 맞설 용기』(책나무)를 집필하여 감정노동자들에게 힘과 용기와 내적 에너지를 공급해

주고 있습니다. 그렇다면 용기를 내야 할 당사자로서의 근로자들이 해야 할 일이 있다면 끊임없이 희망을 품고 마땅히 용기를 내야 할 일만 남아 있는 것입니다.

앨리 러셀 혹실드는 『감정노동』(이매진)이란 도서에서 다음과 같이 말하고 있습니다.

"서비스를 파는 과정에서 '인간성을 팔면서' 심각한 자기소외의 과정에 참여하고 있다고 주장했습니다." "노동자들이 어떻게 일터의 감정노동 법칙을 교묘하게 피하면서 자아의식을 보호하려고 노력하는지, 어떻게 감정적인 희생을 '올바른' 감정을 표면적으로 표현하는 것으로 제한하면서도 '거짓' 또는 기계가 된 것 같은 느낌 때문에 괴로워하는지를 알게 되었습니다. 또한, 상업적인 체계가 사적인 감정교환에 더 깊이 개입할수록, 감정을 주고받는 사람들은 비인격적이지 않은 감정을 받아들이려고 비인격적인 감정의 가치를 깎아내려야 하는 부차적인 노동을 더 하게 된다는 것도 알게 되었습니다."

저 역시 이 직종에 종사하면서 스트레스 가중으로 인해 일순간 병원 신세를 져야만 했던 기억이 납니다. 지금은 한 빌딩(지식산업센터)의 센터장을 맡고는 있지만, 얼마 전까지의 사례를 기억할 때 꼭 사고 칠 수밖에 없다는 유혹이나 분노와 싸워야만 했고, 최대한 절제력을 요구해야만 했습니다. 그런 나 자신에게는 수없이 많은 감정노동을 동시에 요구하고 있는 미운 나 자신을 발견할 수밖에 없었습니다. 말도 안 되는 민원을 앞세워 동료를 괴롭히는 유전적이고 이질적인 한 사람으로 인한 스트레스는 나를 혹독하게 훈련 시켰습니다.

관계기관이나 관리센터에 제기한 민원이 합당한지 그렇지 않은지에 대한 고민과 씨름해야 하는 것은 언제든지 관리객체로서의 직원들이 담당해야 할 몫이 되어 있었으며 관공서는 그다지 큰 도움이 되지 않는 등 민원처리 운운하며 행정적 처분만을 고수할 뿐이었습니다. 이는 민원요청 해결이란 자신들만의 부담을 덜기 위한 요식행위만을 강조하고 있다는 점에서 일어나는 일이고 민원인은 일단 자신의 불편 사항은 민원 정도의 구분 없이 일단 제소 혹은 투고하자는 식의 삶으로 일관하고 있습니다.

이는 일단 자신의 불편 사항을 던지고 보자는 식의 민원의 가치, 의미를 그릇되게 이용하는 사례에 해당한다고 합니다. 이렇게 불편 사항을 자기의 올바른 주장으로서 민원이라고 포장한다면 그 또한 긴급하게 수정해야만 관계성 회복에 도움이 될 수 있습니다. 그렇지 않고 일방적 주장을 민원이라고 호도하여 제기하고, 서비스업태 종사자들을 괴롭힌다면 큰 문제로 대두될 수밖에 없습니다. 현장에서는 심각한 범법(심각한 다툼이 불러온 폭력, 살인)으로까지 이어진다는 사실을 저들을 망각하고 있다는 생각을 지울 수 없습니다.

온전히 현장 당사자들의 다툼이나 시비로 인해서 강한 자의 소행에 의해서 승부를 결정지어야 하는 웃지 못할 일들이 집합 건물 혹은 공동주택령의 영역 곳곳에서 비일비재하게 일어나고 있습니다. 법적 책임은 그 누구의 탓도 아닌 민원 현장에서 강한 자 혹은 성질 급한 다혈질 소유자들의 몫으로만 남는 것을 많이 목격하고 있습니다. 이를 견디는 것 또한 극심한 감정노동의 희생으로 대체해야만 합니다.

송창현은 저서 『직장 내공』(가나)에서 직장인들을 위로하고 스스로 난관을 극복하기 위한 메시지로 근로자들을 도울 방편을 위해 애를 쓰고 있음을 볼 수 있습니다.

"많은 사람이 '해야 할 일'과 '하고 싶은 일'을 이분법적으로 받아들이는 경향이 짙다. 정말 그럴까? 해야 하는 일을 하며 살면 불행한 삶이고, 하고 싶은 일을 하며 살면 무조건 행복한 삶일까? 단언컨대, 그렇지 않다. 그 둘은 상호 보완적인 역할을 한다. 그것도 아주 격하게, 그리고 시너지 효과를 내며 '성장'이라는 선물을 안겨준다."

아련하게 스쳐 지나가는 추억 속 사례들 몇 가지를 예로 들어볼까 합니다. 이는 갑질 논란과 직접 연관된 예로써 내 가슴에 못이 되어 박힌 사례이기도 합니다. 물론 이 직종과 관계된 것도 있지만, 포괄적 의미에서 직장이란 개념은 같으나 유사 직종에서의 예인 까닭에 서로에게 큰 도움이 될 수도 있음에 아픈 기억이기는 하나 세 가지의 사례를 소개해 드리고자 합니다.

첫 번째 사례로서 배려를 찾아볼 수 없는 교만이 불러온 트라우마입니다

한 직장을 정리하고, 또 다른 직장으로의 이직을 위해서 노력할 때의 일입니다. 경력상으로나 나이로 모든 여건이나 자격 조건이 마음에 흡족하다고 칭찬을 아끼지 않아 면접까지 다 보고 업무인수인계를 받기 위하여 다음 주 월요일 출근 시간에 맞춰 집을 나서서 버스에 몸을 싣고 한참을 달리다가 이내 한 통의 전화를 받게 되었습니다. 생각해 보니, 구인을 철회해야겠다는 내용의 전화였습니다. 당시 저는 대학원에서 공부하고 있었고, 부족한 시간은 토요일과 주일 대체 근무로 돕겠다는 의사를 전했고, 그 의사를 공감하고 결정한 첫 출근에 즈음하여 당면한 기대하지도 않았던 저에게는 분명 기억하고 싶지 않은 사고였습니다.

갑자기 목적성을 잃은 나는 당황하여 중간에 하차하여 어디로 가야 할지, 순간 두리번거리다가 지하상가로 뛰어 내려갔습니다. 누가 나의 전화(구인 철회통보) 소리를 엿들었을까 부끄러워 진땀을 흘리기도 했습니다. 가족의 얼굴이 눈에 아른거려 당황했던 기억이 순간 스쳐 지나갔습니다. 그녀 역시 충분히 처지를 이해하고 감당할 수 있는 환경(나름 격을 갖춘 신앙인으로서 업무 시설 내 부대 시설을 갖추고 종교 행위를 즐기기도 함)에 처해 있을 법한 까닭에 그 서운함은 못이 되어 가슴에 단단히 박혔습니다. 이제는 그 못을 빼야 하지 않을까 생각 중입니다. 물론 마음대로 될지는 내 일이면서도 장담할 수 없다는 것이 슬픈 현실로 다가옵니다.

이는 상대를 향한 배려가 부족한 탓이고, 더욱이 자신이 소유주인 까닭에 아무렇게나 결정을 하고 번복을 해도 상대에게는 아무렇지 않을 것 같은 배려의 부재와 교만으로부터 일어난 일이며 동시에 상대가 받았을 상처에 대해서는 전혀 고려하지 않은 지나치게 가벼운 행위로부터 비롯되었다고 봅니다.

두 번째 사례로서의 언행의 불일치를 갑질의 날로 삼은 한 여인의 경우입니다

최저 생계비에 지나지 않는 월급을 주면서 곤혹스러울 만큼 업무를 가중시키던 오너가 어느 날 급여를 감봉시켜야 한다고 요청을 해 온 것입니다. 역시 대학원 공부하고 있던 내게 불만족스러움이 있었던 모양입니다. 당시 대학원이 출판사에서 그렇게 멀리 떨어지지 않은 안암동에 있었건만, 그 이유를 들어서 다른 직원들과의 형평성에 어긋난다는 것을 주된 이유로 제시하였습니다. 업무 가동률이나 인간관계를 통해서 볼 때 그 이유는 모든 경비를 줄이기 위한 포장 행위였으며, 그 일을 실현하기 위한 수단에 지나지 않았다는 사실을 충분히 인식할 수 있었습니다.

젊은 사내를 후원(그 역시 신앙인으로서 나름 종교 행위에 질적인 삶을 부여하면서 살아간다고 늘 고백하는 소유자)한다는 의미를 살려 지속적으로 근무하게 해 달라고 부탁을 한 것 외에는 더 이상 청을 하지 않았습니다. 마지막까지 남은 자존감의 불씨를 끄고 싶지 않았으며 동시에 비굴해지기 싫었던 것이 가슴에 비장처럼 숨겨져 있었기 때문입니다. 그것은 동료직원들로부터 오너의 성향과 직원들을 대하는 태도에 대해서 들은 바가 있었기 때문입니다. 그러니까 직원들을 하대 혹은 갑질을 해야 할 시기가 도래한 것입니다. 그때가 바로 그 날이었고, 그 상대가 바로 저였던 것입니다.

그러나 지금까지 문단에서의 관계상 함부로 할 수 없었던 내게 형평성 운운하여 급여를 줄여야 한다는 명분을 제시한 것입니다. 그 상황은 문단에서 알고 지내던 그분의 정체성과는 거리가 먼 이중적인 생활상으로서의 모습이었기에 더 이상 요청을 하지 않았습니다. 이내 근무처를 떠나야만 했던 사례도 기억에 삼삼합니다. 그녀는 모르는 처지도 아니고 문단 활동을 하면서 이미 관계성을 맺은 동료 문인이고 또한 동료 그리스도인이었던 까닭에 원활하게 관계성을 정리하는 것이 지혜롭다고 판단한 것이 적요한 사례입니다. 그와 근무를 하게 된 것도 그의 제

안으로 인함이었기에 황당 그 자체였습니다.

셋째 사례로는 말뿐인 사랑과 배려 그리고 이해와 용서가 결여된 종교성을 지닌 오너와의 관계성입니다

이 사례 역시 기억하고 싶지 않은 가슴 아픈 역사의 일부가 되어버린 사례입니다. 그 역시 고인이 되어 기억 속에서나 남아 있는 인물이기에 잠깐 기억 속의 트라우마 정도로만 남겨봅니다. 문제는 그의 사역을 위한 사조직 역할을 하는 이들이 따로 배치되어 있고, 그곳으로부터 나오는 문서를 중심으로 도서를 출간하는 일이 우리들의 본 업무였습니다. 그러니까 이미 발표된 자료가 되는 문서를 넘겨받아 도서로 출판하는 일이 나의 주 업무였습니다.

그런데 출간 된 후 알게 된 사실이지만 오타가 발생하게 되어 낭패 아닌 낭패를 당해야만 했던 상황을 잊을 수 없습니다. 어쩔 수 없이 누군가가 책임을 져야 하고, 그 책임을 과장인 내가 지는 것으로 결정했습니다. 순간 함께 업무를 하던 문단 선배가 사표를 제출하지 말고 기다려 보라는 취지의 메시지를 남겼고, 그 선배의 말대로 일단 기다려 보기로 했던 것이 화근이 되어 그 트라우마가 더욱 깊어진 결과에 이르게 된 것입니다. 같은 종교에 몸담은 특히 리더의 위치에 있던 사랑과 이해와 용서와 너그러운 삶의 본을 보여야 할 그가 내린 결론과 우리를 대하는 결정적 판단은 지나치게 냉정했으며 세상 그 어느 포악한 사람보다도 지나침이 있었습니다.

서운함을 떠나 분노를 느끼고 돌아서야 할 만큼 냉혹했다는 점에서 가슴 한편에 굵은 대못이 되어 박혔기에 한동안 영혼의 피를 쏟아내야만 했던 사례입니다. 그의 사업체는 기울기 시작했고, 최근 들려오는 소식으로는 목정성을 잃고 다른 사람의 손에 팔려 넘어갔다고 합니다.

네 번째 사례로 의심과 직원들을 향한 언어의 폭력을 일삼은 비인격적 소유자의 경우입니다

이 사례는 끝까지 가슴에 묻어 두고 가려고 했습니다. 그러나 그 스스로가 나와의 약속을 깨고, 모든 문제 된 것들을 내 탓으로 치부해 버리고 저 스스로는 의로운 듯 빠져나가 다른 이들과의 핑크빛 관계성을 이어간다는 이야기를 전해 들었기에 역시 경계해야 할 인물로서의 예가 될 듯하여 언급하고 넘어가고자 해서 사례로 들고 자 합니다. 당시의 내 위치는 하나에서 열 가지 모두 독단적인 성향의 그와 의논하여 결정하고 따라야 할 신분으로서 내게는 자율적 결정권이 박탈당한 독단적 수직 구도가 철저하게 구축된 조직의 일원으로서 근무했습니다. 그럼에도 불구하고 모든 결정과 판단이 내게서 연유되었다고 호도하여 남은 주변 사람들에게 오해의 대상으로 나를 매도시키고 있다는 주장이 들려오곤 했습니다.

그런가 하면 의심이 많은 그는 모든 것을 색안경을 쓰고 보는 습관이 깊은 인물이었던 까닭에 직원들과 모여서 커피 한잔이라도 나눌라치면 자신을 험담한다고 의심하여 우리 일행 중 한 사람을 살짝 불러 무슨 의미의 대화를 나누었는지 뒤를 캐는 나쁜 습관을 지니기도 했던 사람입니다. 그런 그가 모든 남겨진 혹은, 되어진 안 좋은 업무적 결과물을 놓고 사직서를 제출하고 떠난 내게(떠날 때 수고 했다며 감사패와 함께 금일봉까지 수여하고, 이후로 아름다운 관계 개선으로 지속적인 만남을 갖자고 자신이 건넨 약속을 스스로 깨 버리고 말았습니다) 모든 것을 떠넘기는 식의 비겁한 행위는 실망감을 주기에 족했습니다.

전과 후가 맞지 않는, 말과 행동이 또한 전혀 맞지 않는, 이전 이후의 모든 사실을 다 고백할 수는 없겠지만 어쨌든 특별한 갑질의 사례요, 지독한 감정의 토사물과 같은 느낌으로써 피하고 싶었던 사람인 까닭에 그 곁을 영원히 떠나와 다른 환경에 머물면서 잊고 살아오는 그를 교육 사례요 도구로 삼기 위해서 이번만 한 번 떠 올려봅니다. 많은 사람이 그와 같은 인물을 만나 관계할 때 충분히 참고하셨으면 하는 것이 그 이유이기 때문입니다.

그러니까 위의 네 가지의 사례 말고도 다 소개해 드리지 못한 사례를 볼 때 모두가 리더십 부재요, 굴곡 된 오너들의 성향이 만들어낸 역기능적 결과론이라는 점 하나만으로 귀결시킨다면, 결론적으로 모두가 지독하고도 모진 갑질에 해당한다고 할 수 있습니다.

그러나 당당히 견디고 일어섰습니다. 대학원도 무사히 졸업하였으며, 그 이후로 건강한 동종 직장도 소개받아 그동안의 시행착오를 실패의 어머니로 삼아 각종의 성공사례를 만들어가면서 성실하게 근무하며 건강한 공동체 구축 및 그 안에서 섬기는 리더십의 교훈을 남기고 있습니다. 그뿐만 아니라 시인으로서와 문학평론가 그리고 칼럼니스트로서의 22권이 넘는 개인 도서를 출간하였으며, 기타 여러 지면을 충분히 할애받았을 뿐 아니라 곳곳에서 인문학 강의를 요청받고 그 달란트를 가지고 사회에 기여하고 있습니다.

현재도 관리 현장에서 인정을 받고 관리단 주체와 하나 된 몸과 마음으로 그들의 재산적 가치를 유지하고 상승효과를 위한 제반 사항으로서의 각종 전시회와 공연유치 등으로 소유주들과 임차인들의 정서를 위해서 노력하고 있습니다. 때로는 급한 환자를 병원까지 이송하는 것과 제반 삶의 난해한 것들을 대상으로 한 상담을 돕는 것 등 내가 할 수 있는 일이라면 솔선수범하여 조력자의 역할을 충실히 감당하고자 애쓰고 있습니다. 빌딩 공동체는 많은 분야의 사람들을 수시로 만난다는 것 하나의 장점으로도 사회를 위해서 충분히 봉사할 수 있는 달란트를 취할 수 있다는 것이 경험으로부터 얻게 된 교훈입니다. 앞으로도 감성이 배어있는 건물 이미지를 위해서도 최선을 다할 청사진을 이미 제출해 놓고 있습니다.

짐 콜린스의 『위대한 기업은 다 어디로 갔을까』(김영사)의 질문에 대한 성실한 답변("소리 없이 다가오는 몰락의 5단계 징조를 감지하라!", "승승장구할 것인가, 실패할 것인가?", "오래 지속할 것인가, 몰락할 것인가?")을 찾아 노력해 온 까닭이 있었고, 역시 짐 콜린스의 『좋은 기업을 넘어 … 위대한 기업으로』(김영사)의 질문과 부담스러운 질문("괜찮은 기업으로 남을 것인가, 위대한 기업으로 도약할 것인가?)에 성실한 삶으로써와 인문학적 사고를 바탕으로 호기심이 아닌 깊은 관심을 두고 내가 맞닥뜨리는 기업경영에 관심을 두고 보내온 세월 탓 때문입니다.

또한, 오스 힐먼의 『일터 사역』(생명의 말씀사)를 통한 소명-"믿음으로 일터를 변화시키는 일"과 안젤름 그륀 신부의 조언으로서의 『직업과 소명』(21세기 북스) -"직업과 개인 생활을 결합하는 방법, 직장생활을 하면서도 인간으로 생존하는 방법, 직장생활을 삶의 활력으로 채우는 방법, 직장생활과 삶을 병행할 수 있는 방법, 직장생활이 개인적인 성장에 기여 할 수 있고, 또 개인적인 삶도 풍요롭게 할 수 있는 벙법" 등의 멘토링이 있었기에 가능했다고 봅니다.

끝으로 두 분 멘토의 영향력이 있었음을 소개하고 이 단락을 마무리할까 합니다. 저를 세워 주신 멘토들을 소개하는 시간으로는 오늘 밤새 해도 다 하지 못할 것입니다. 또한, 이 한 권의 도서로도 다 소개할 수 없음을 이해해 주시리라 당부를 드립니다.

그러나 이분들은 꼭 소개해 드리고 넘어가고 싶어서 짧게 소개해 드립니다. 커트 센스케는 그의 저서 『영혼을 움직이는 리더』(황금 부엉이)에서 리더로서의 살과 뼈가 되는 주옥같은 교훈을 남겨 주셨습니다. 그 교훈은 성경적 가르침으로써 "대접받고자 하는 대로, 남을 대접하라" 입니다. 이 말씀은 우리 모두 알고 있지만 실천하기는 매우 어려운 덕목입니다. 실천한다고 하더라도 뒤돌아보면 이러다가 내가 손해를 보는 것이 아닌가, 혹시 직원들이 나를 배반하는 것은 아닌가. 등의 회의적, 의심, 우려에 쉬 포기를 하는 경우가 발생할 수가 있습니다. 조직에서의 리더는 윤리적인 가치를 가장 기본으로 삼아야 한다는 것과 내가 싫어하는 것은 타인에게도 강요하지 않고 오히려 내가 먼저 섬겨주고 싶은 마음으로 리드 해야만 조직의 구성원들이 감동하고 따라온다는 말을 잊지 않고 기억하고 있습니다.

또 다른 한 분은 하워드 가드너로서 그가 연구하고 내내 멘토링으로 삼았던 『통찰과 포용』(북스넛)으로서의 넓은 사관과 직관을 통해서 사람을 보고, 시대를 보고, 관계성을 보는 시야를 넓혀주었다는 점입니다.

이 모든 멘토와 함께 한 동행이 있었기에 못 박힌 심장을 보듬어 안고 여기까지 오게 되었으며, 여러분과 지면을 통한 인간관계를 통해서 활력을 보충시키고도 남음이 있는 새로운 동기부여를 공급받고 또한 공급받기를 원하는 예식에 여러분을 초대하고 그 한 자리에서 얼굴을 마주하고 심호흡을 함께 나누고 꿈 많은 내일을 향해 전진하고자 합니다. 여전히 들려오는 말씀으로서의 구호가 생각이 납니다. 마틴 루터킹 목사의 간절함이 베인 자신감 넘치는 고백으로서의『나에게는 꿈이 있습니다(I Have a Dream)』(예찬사)가 여전히 쟁쟁하게 영혼의 감각을 깨워주고 있습니다.

이 시대를 향해서 피터 카펠 리가 설정해 놓은『부품 사회』(라인메이커)에서 주장하고 있듯이 한 개의 부품으로 이용당하지 말고 부디 거룩한 피조물로서의 가치 있는 행보를 하시기를 부탁드립니다.

우리는 한 사람 한 사람 창조주의 귀한 피조물이자 본질이지 결코 부품으로서의 기능을 하다가 고물상에 팔려가듯 가벼이 임계점에 다다를 그런 하찮은 인물이 아님을 기억하시기 바랍니다. 그 누가 갑질의 논란을 야기시키고, 그로 인해서 삶의 질이 저해되거나 불행을 자처하는 동기 부여물로서 미혹과 강압적인 논란으로 여러분을 힘들게 하고 끌어 드린다고 한다면 그 조직으로부터 강력하고도 신속한 이탈을 선언하셔도 개 않을 것입니다. 왜? 우리는 오늘만을 살기 위해서 지음을 박고 부름을 받은 것이 아니라 미래를 향한 소망과 비전을 타고났고, 태어난 거룩한 피조물이기 때문입니다.

동시에 내일을 향한 꿈을 꾸면서 오늘의 경험을 토대로 한 주인공으로서의 삶을 당당하게 살아낼 거룩한 백성이기 때문입니다. 갑질을 일삼는 이의 인생과 삶의 질보다도 나와 여러분의 삶의 질이 훨씬 더 아름답고 귀하다는 사실을 잊지 말고 기억해 주시기를 바랍니다. 그것이 바로 자존심이 아닌 자존감입니다. 삶의 질은 자존심이 아닌 자존감으로 평가받는 것을 기억하시고 오늘보다는 내일을 위해서 정신세계의 단속을 견고히 하셔야 할 것입니다. 그 미션을 위해서 고군분투(孤軍奮鬪) 여러분 자신의 삶을 잘 지켜 주시기를 부탁드립니다.

CF. 3.

우리가 속한 공동체와 그 정신은 건강하십니까?

이 글을 집필하면서 한 가지의 비보를 듣게 되었습니다. 2022년 5월부터 9월 8일까지 인문학 시 창작 강의에 꾸준히 참석하셨던 연로하신 수강생 한 분이 8월 말까지 참석하고 보이지 않아 궁금해하던 차에 들려온 부고입니다. 9월 1일 운명하셨다는 슬픈 소식이었습니다.

그래서 우리의 건강이 궁금해지는 것입니다. 더욱이 우리가 속한 공동체의 건강성이 염려되는 것입니다. 각 사람뿐 아니라 공동체의 건강성도 기원해야 하고 그를 위해서 노력해야 합니다.

공동체의 건강성은 구성원들 개개인의 행복과 불행과 직결되고, 공동체의 안부는 사회, 나라의 건강성과도 맞물려 흥하기도 하고 망하게도 한다는 것은 누구나 다 알고 있는 인생의 기초적인 이론이라 할 수 있습니다. 다만 지나치게 분주하고 스트레스 등 감정의 노동에 시달리다 보면 쉬 망각하고 말 공산이 큼으로써 우리는 끊임없이 문제와 해결점과 인간의 내적 번영을 위한 지침 등을 상기시키기 위해서 어느 정도의 범위를 설정해 두고 학습(특별훈련)을 병행하지 않으면 안 되는 그런 삶의 경계를 설정해 두고 살아가고 있습니다.

그러기 위해서는 우리에게 필요한 몇 가지가 있습니다. 그것이 우리의 평생지기가 되어 삶의 의미와 가치를 좌우할 수 있음을 잊지 않아야 합니다.

첫째는 '말의 힘'입니다

갑질의 논란은 모두가 정제되지 않은, 갖추어지지 않은 인격의 소유자이며 동시에 상실된 인성의 소유자와 자기 강박을 이기지 못하고 통제력을 잃은 굴곡 된 인성의 마인드를 지닌 소시오패스 군의 리더들이 남발하는 말의 습관입니다. 그러니까 말을 함부로 쏟아놓는 사람은 모두가 그 무섭고 야비한 소시오패스의 성향 일부를 닮았다고 보면 맞습니다. 모든 역기능적 말 습관이 이를 통해서 나온다는 점에서 인간관계, 공동체적 삶의 건강성을 위해서는 말의 사용과 강약을 어떻게 조절해야만 하고 또 가져야만 그 말의 긍정적 힘이 되기도 하고, 말의 부정적 힘이 되기도 합니다. 이는 서로 다른 뚜렷한 결론을 가져다준다는 점에서도 우리는 혀를 잘 다루어야만 합니다.

말은 그 사람의 인격을 대변해 주는 중요 도구요, 수단이란 점에서 아무리 많이 배우고 외모가 출중하더라도 말이 거칠고 언어의 폭력을 제어하지 못하고 남발하고, 언어 사용에 있어서 규모가 없고 진실성이 생략된다면 그는 사람으로서 속 의미를 전달하는데 문제성을 드러냄과 동시에 불신의 대상이 되어 모든 사람으로부터 기피의 대상이 되고 말 것이 불을 보듯 자명한 일입니다. 그만큼 말의 사용은 중요한 역할을 합니다. 단순히 말을 잘하고 못하느냐의 차별성이 아니라, 그 말이 담아내는 주제의 솔직성, 진정성 여부에 따라서 그의 인격이 다르게 느껴진다는 것입니다.

세상은 의사를 전달함에서 글보다는 말을 주로 이용한다고 봅니다. 가장 정확하다고는 할 수 없겠으나 가장 신속한 수단 인 것입니다. 그러기에 속 의미를 담아내는 말을 어떻게 잘 사용하느냐에 따라서 결과물은 천차만별로 다르게 찾아오는 것을 우리는 많은 경험을 통해서 이미 간파하고 있으리라 믿습니다.

왜 말 한마디로 천량 빚을 갚는다는 말이 지금까지도 전해오고 있겠습니까. 말의 중요성을 강조하는 의미이기는 하나 기본적으로도 말이 주는 가치는 대단하다고 할 수 있습니다. 성경은 말에 대하여 다음과 같이 충고를 하고 있습니다.

"우리가 다 실수가 많으니 만일 말에 실수가 없는 자라면 곧 온전한 사람이라 능히 온몸도 굴레 씌우리라. 우리가 말들의 입에 재갈 물리는 것은 우리에게 순종하게 하려고 그 온몸을 제어하는 것이라" (야고보서 3장

2절~3절)

이재준은 『긍정적 말의 힘 – 사람이 모이는 리더는 말하는 법이 다르다』(리더스 북스)에서 말의 중요성에 대해서 다음과 같은 메시지를 담아내고 있습니다.

아래와 같이 말하는 유형의 사람은 사람을 떠나게 하는 리더이며 동시에 독선으로 일관하는 갑질에 능수능란하여 많은 사람의 인생을 그릇되게 하는 장본인으로서 그 경우를 예를 든 것입니다.

그릇된 말은 곧 행동을 끌어내 폭력적이게도 하고, 때로는 상해를 유발하게 되어 법적인 책임은 물론 상대에게는 일생 돌이킬 수 없는 치명상을 미치게 되어 큰 불운을 낳게 된다는 점을 기억해 두시기 바랍니다. 말은 단순히 자음과 모음의 결합으로 만들어지는 것이 아닌 순전히 감정으로도 덧입혀져 그 말의 영향력은 역기능적 결과물로서 더할 수 있음을 알려주는 예이기도 합니다. 그만큼 말은 중요하고도 중요한 소통의 수단입니다. 그 예가 다음과 같습니다.

"자기 자랑을 일삼는다. 자기 자신만이 완벽주의자라 칭한다. 남의 말은 도무지 들으려고 하지 않는다. 자신의 심기에 조금이라도 벗어나는 말을 들으면 분을 참지 못하거나 마음에 담아두고 두고두고 그를 괴롭힐 기회를 찾는다. 매사 지시적이다. 메모해 두는 습관이나 깊은 생각 없이 즉흥적이다. 자신의 실수를 인정하려 들지 않고 편협하게 해석하고 강하게 주입 시키려 한다. 언어폭력을 일상적으로 남발한다. 일단 상대를 의심하고 대한다. 말을 수시로 바꾼다. 대화를 나누는 데 있어서 남의 말을 듣는 데 있어서 인내력이 부족하다."

그런가 하면 격려의 말과 칭찬의 말을 아끼지 않는 사람은 사람을 모이게 하는 리더로서의 그의 인생을 세워나가는 사람이고, 동시에 다른 사람의 삶까지도 세워 주는 버팀목 역할을 합니다. 동시에 세상에서 맑고 힘이 되게 하는 긍정적 바이러스를 지닌 사람으로 호명되기도 합니다. 이런 부류의 사람이 리더가 된다면 그 공동체는 틀림없이 엔도르핀 생산기지로서의 복이 넘치게 됨을 발견하게 될 것입니다. 그런 리더를 만난다면, 기쁨과 행복과 즐거움과 가치와 의미 있는 삶이 자연스럽게 창조될 수 밖에 없으며, 아무리 힘든 난관에 이른다 해도 곧 회복 되어지는 역사를 경험하게 될 것입니다. 그만큼 순기능적 독려이자 위로의 말, 긍정적인 말의 사용은 무엇이든지 할 수 있는 숨은 능력이 된다는 점을 강조하고 있는 것이기도 합니다. 그런 리더는 아래와 같은 일관된 긍정의 말을 자주 사용하곤 하는 사람입니다.

"반드시 웃으면서 이야기할 때가 올 거야, 어렵겠지만, 한 번 부딪쳐 봐! 아무나 할 수 있는 일이 아니야, 너니까 가능한 거지. 성공한 모습을 상상해봐! 꼭 될 거야! 괜찮아! 자넨 할 수 있어! 마지막까지 최선을 다하게! 좋은 지적이야, 난 거기까지는 생각 못 했거든, 자넨 결코, 약하지 않아! 고정관념을 버려! 역시 최고야!"

어떤 사람들은 말을 많이 해야만 말을 잘하고, 자기 의사를 잘 전달한다고 잘못 알고 있는 사람들이 있습니다. 마치 자기가 많은 것을 알고 있는 것처럼 오해하여 중심이나 말의 요지가 없이 말을 많이 하려고 하는 말 욕심의 사람들도 만나게 됩니다. 말의 정확성이 없다면, 진위를 찾지 못한다면 말을 줄여서 하는 것이 좋습니다. 말보다는 마음을 전달하기 위해서 애써야 합니다. 그것이 꼭 말이 아니고 행동이어도 좋고, 글이어도 될 만큼 의사소통의 도구는 긴축적이어야 하며 이해를 돕기 위해서 상황을 고려한 정확하고도 간결한 전달에 신경을 써야만 합니다. 그 좋은 예를 막스 피카르트의 『침묵의 세계』(까치)에서 찾을 수 있겠습니다.

"침묵은 말이 없이도 존재할 수 있지만, 말은 침묵이 없이는 존재할 수 없다. 말에게 침묵이라는 배경이 없다면, 말은 아무런 깊이도 가지지 못한다. 그렇기는 하지만 침묵이 언어보다 우월한 것은 아니다. 반대로, 자기 자신만을 위한 침묵, 즉 말 없는 침묵의 세계란 다만 창조 이전의 것일 뿐이다. 그것은 완성되지 않은 창조일 뿐 아니라 위협적인 창조이다. 말이 침묵에서 발생한다는 것, 그것에 의해서 비로소 침묵은 창조 이전의 창조로, 무 역사성에서 인간 역사로, 인간 가까이 나오게 된다. 그리하여 침묵은 인간의 일부, 말의 합법적 일부가 된다. 그러나 무엇보다도 진리는 오직 말을 통해서만 형태를 지니게 되는 까닭에 말은 침묵 이상인 것이다."

우리는 말로 인하여 얻는 것도 많지만 반대로 잃는 것 또한 많습니다. 이 중요한 소통의 도구인 말에 의하여 생명의 위협까지도 받을 만큼, 심각한 위험 수위에 당도하기도 합니다. 더욱이 사회 분위기가 스산하고 감정의 굴곡이 심한 인공적인 지배 아래 놓여 있거나 물질적 성공의 비중이 높은 시대일수록 말의 힘은 약화 되거나 신뢰성을 담아내는 유일한 도구로부터도 희석되어 고민이 아닐 수 없습니다. 그러나 어쨌든 현재로서는 인간관계상 말의 필요성에는 여타 이의를 제기하거나 대체할 그 무엇을 찾지 못하고 있으므로 여전히 말의 가치, 말의 힘은 유효하다고 할 수 있습니다.

바바라 베르크한은 저서 『화나면 흥분하는 사람, 화날수록 침착한 사람』(청림출판사)에서 말의 유효성과 효율성에 대해서 다음과 같은 조언을 아끼지 않고 있습니다.

"우리는 일상생활에서 시간과 장소와 관계없이 부주의한 말로 인한 불쾌한 일을 자주 겪는다. 직장동료가 자극적인 말로 속을 긁어놓는 경우도 있다. 이것은 모두 말 때문에 생기는 불쾌한 일이다. 그런 사람들은 대부분 사실과 다른 근거 없는 비난이나 험담으로 사람의 감정을 자극하는 말들은 많이 한다. 물론 그러한 경우 공격을 당하는 쪽에서도 그 즉시 받아친다. 그러면 처음 공격자는 더욱 흥분하여, 그대로 물러서지 않고 다시 호되게 받아친다. 이쪽에서도 당연한 것으로 생각하고 방어 자세를 취한다. 이쪽에서도 당연한 것으로 생각하고 방어 자세를 취한다. 그야말로, 눈에는 눈, 이에는 이다. 사람들을 바보로 만드는 말투, 마음에 상처를 주는 불쾌한 말, 빈정거림 등으로 인해 사람들은 매우 큰 상처를 받고 있다는 것이다."

우리가 삶을 살아갈 때, 더욱이 특정 불특정 소속 인이자 공동체의 일원으로 살아갈 때, 갑질 논란의 중심에서 긍정적 대인관계를 이어갈 수 있는 것도 파괴적인 현상으로 치닫게 하는 것도 모두 말의 힘을 어떻게 사용하느냐에 달린 만큼 이 부분에 대해서 우리는 끊임없이 학습하고 훈련을 해야만 합니다.

저는 민원과 공지 사안에 대하여 때로는 말도 안 되는 시시비비에 연루되어 몹시도 언짢은 분위기에 직면할 경우에 대비하여 나름으로 열심히 공부하고 훈련을 통해서 원활한 분위기를 조성하기 위해서 지금까지 노력해 오고 있음의 흔적이자 증거가 곳곳에 드러나 있습니다. 여러분들도 이와 같은 방법으로 대인관계의 수준을 높이고, 인간 생활의 질을 높이고 동시에 인간만이 추구하는 행복 그 이상의 격을 높여 의미 있게 삶을 살아가는 주인공이 되시기를 부탁드립니다. 이것이 바로 직장과 일상에서 연단 받고, 훈련할 좋은 기회가 된다는 점을 또한 잊지 않으시기를 당부드립니다. 마치 임상실험실로서의 직장공동체라 생각하시고 노력을 아끼시지 않기를 바랍니다.

그렇다면 직장을 스트레스 유발의 현장, 전쟁터, 정신병동, 죽음의 지대, 지옥 등 부정적 지배 논리로만 취급하지 않은 상황을 바꿔 조금은 다른 분위기의 의미를 부여하면서 최선의 경주를 선행할 수 있는 계기가 마련될 것이라 믿습니다. 그만큼 직장은 사회의 중심을 장악하고 있다는 점에서 최선을 다해 자아를 발견하고 동시에 자아가 마음껏 활동할 수 있는 놀이터로 삼아야 함이 맞다고 봅니다. 그 역할을 기대하고 장을 마련하고 연출해야 할 주인공은 타인이 아닌 저와 여러분 자신이어야 함을 잊지 않으시기를 부탁드립니다.

이런 가치관들이 서로 모여 공동체를 이룬다면 그 어느 삶보다도 가치가 드러나고 동시에 의미가 있고 행복이 넘치리라 믿고 확신합니다. 말은 가장 적게 하는 것이 좋습니다. 말의 질을 고려하여 정갈하게 전달해야 하고, 말의 전달 속도와 정확성에도 각별히 신경을 써야 합니다. 사람 대부분이 말에 의한 상처로 일상적 관계성에 어려움을 심하게 느끼곤 한다는 점을 잊지 않으시기를 부탁드립니다.

둘째로는 시대를 읽어내는 힘과 안목을 길러야 합니다

많은 사람은 자기 하나 혹은 자기 가족, 그룹만의 유익과 만족을 위해서 고공행진을 하듯 살아가는 사람을 보게 됩니다. 이들을 일컬어 집단적 이기주의적인 인간이라고 호명하곤 합니다.

그런 사람은 사회성이 결여되기도 하지만 동시에 이타적인 삶의 공감대가 낮은 삶을 살아가기 때문에 사회가 주는 유익이나 공동체적 행복과 즐거움에 대해서는 둔화된 삶을 살 수밖에 없습니다. 그들은 타인들의 아픔과 상처로부터 낯설어하는 성향과 기질을 지닌 까닭에 사람으로 하여금 기피의 인물로 정보교환 영역과 목록에서 배제되는 대상으로서 링크되고 말 것입니다. 만약 이런 사람들이 리더가 되거나 공동체의 이익을 도모하는 일에 일원이 된다면 아주 난감한 일들을 자아내는 원인자가 되어 심각한 관계성의 모순을 야기시키는 결과를 초래하게 되고야 맙니다.

우리는 사회적 동물군에 속하는 인간인 까닭에 건강한 시대를 창조하기 위해서 지혜와 노력을 아끼지 말아야 합니다. 그러기 위해서는 시대가 어떤 영향력 안에 놓여 있는지를 충분히 그리고 정확하게 진단할 줄 아는 촉을 지녀야만 합니다. 이것을 일컬어 관심법이라고 부르곤 합니다. 그래야만 건강한 시대상을 향한 청사진을 그려 낼 수 있는 안목이 생기게 되는 것이기도 합니다. 이런 삶을 살게 될 때, 후회 없는 행복하고도 아름다운 일생을 살았노라고 굿바이 인사를 하고 떠날 여유와 가치를 지니게 됨 또한 잊지 않으시기를 부탁드립니다. 이것이 내적인 멋을 추구하면서 살아간 한 사람의 일생이라면 누구든 이와 같은 삶을 살지 않을 사람 있겠습니까?

다시 한번 더 말하자면 우리는 시대를 읽어내야만 할 거룩한 책임을 지녀야만 합니다. 만약 그 능력을 키우지 않고 늙어만 간다면 시대는 거대한 괴물이 되어 우리 자손의 삶을 송두리째 삼킬 수도 있습니다. 그 괴물이 때론, 정치, 종교, 경제, 교육, 문화란 옷으로 갈아입고 우리들 곁과 공동체 깊이 잠입하여 들 수도 있습니다. 그래서 우리는 이성과 감성의 조화를 이루어 이 시대를 정확하게 읽어낼 능력을 키워야 합니다.

폴 콜리어는 저서 『약탈당하는 지구』(21세기 북스)에서 지구의 실제적인 명암을 극명하게 그려내고 있으며, 시대의 선과 악이 무엇인지를 분명하게 설명하고 있습니다.

분명한 것은 우리가 살고 있는 지구가 병에 걸려 기후의 변화와 조정이 안 되고, 환경이 형편없이 파괴되어 가고 있음을 지적하면서 하루빨리 건강한 지구 살리기 위해서 총력을 기울여야 한다고 주장하고 있습니다. 산업경제 활성화만을 추구하다 보면 지구가 심한 몸살에 더는 지구 운운하며 살아간다는 것에 치명적인 제동이 걸릴 수도 있음을 잊지 않으시기를 바랍니다.

폴 콜리어는 경제학자들을 일컬어 '탐욕의 노예, 약탈적 부의 치어리더'로 치부하고, 환경론자는 '경제 엔진의 브레이크를 밟는 낭만적 반동 사상가'라 비판적으로 읽고 있습니다. 이 말은 곧 경제와 환경이 서로 협력하여 공생할 수 있는 길을 제시해야 한다는 과제를 향한 하나 됨을 주문하고 있는 것입니다.

폴 콜리어는 약탈을 넘어선 진정한 번영의 길을 제시하고도 있습니다. 선진국과 개발도상국, 한 국가의 모든 국민, 그리고 모든 세대가 자연을 공유할 수 있는 새로운 환경 경제학의 가능성을 열고 있어야 한다고 주장하는 것입니다. 동시에 자연 자체를 위해 무작정 보존하자는 것이 아니라 우리가 비이성적인 요구에 유혹당하지 않으면서도 이들 가난한 사회를 변화시키는데 자연을 이용할 수 있느냐는 것입니다. 또한, 폴 콜리어는 우리에게 이성적으로 기대할 수 있는 지침은 동정심과 이기심의 결합이라고 확신합니다. 그의 결론은 올바른 결정은 사리사욕에 의해 편중되어서는 안 되고 범지구적 빈곤과 미래에 대한 올바른 의무감에 기반해야 한다는 것입니다.

그러나 지나치게 성급하게 다루어 정책을 내고 행동에 돌입하는 것은 또한 무모한 결과를 초래할 수도 있기에 천천히 장대한 계획을 수립하고 한 걸음 두 걸음 내딛는 훈련을 시도해야 합니다. 서로 협력하는 공동체적 노선을 정립하고 말입니다. 요즘처럼 자행되고 있는 각종 미치광이 전쟁광자들의 폭력적, 파괴적 성향의 광대 짓 같은 오만이 아닌 지구의 미래, 공동체의 행복과 번영 그리고 구성원들의 안위를 위해서 천천히 내딛는 훈련을 시도해야 합니다.

찰스 핸디는 『홀로 천천히 자유롭게』(생각의 나무)에서 말하기를 "중요한 것은 일등이 아니라 좋아하는 일을 하는 것이다. 남을 따라 하지 말라. 남과 비교하지 말라. 자신을 믿고, 홀로 천천히 아무도 가지 않은 자기만의 길을 가라."가 등 떠밀어 용기를 주고 있습니다.

제프리 홀렌더는 『책임혁명』(프리뷰)에서 우리에게 또 다른 사명을 부여해 주고 있습니다. "사회적 책임을 다하는 기업이 살아남는다"라는 부제의 이 책은 세상을 위해서 건전한 책임혁명에 앞장을 선 기업들을 격려하면서 이들 기업이 왜 착한 기업이며 동시에 책임혁명을 주도하는가에 대한 가치를 설명해 주고 있습니다.

과연 우리나라에는 이와 동등하거나 유사한 기업이 존재하는가? 묻지 않을 수 없습니다. 이런 기업의 수효에 따라서

그 나라의 부국강병이 결정된다면 틀린 말은 아닐 것입니다.

기업책임시민센터의 이사장이신 박상조 님의 말을 기억해 봅니다.

"사회적 책임을 다하는 기업이 아니면 투자 유치가 어려울 것이다" 이 말이 우리나라에서 자신의 기업만의 몸통만을 늘리기를 위해 악을 행하는 그릇된 가치관을 소유한 경영인들에게 경종을 울리는 경고의 나팔이 되었으면 합니다. 이를 눈 크게 뜨고 지켜볼 수 있기를 기대해 봅니다. 이 또한 우리의 책임이기 때문입니다. 이것이 바로 시대를 진단하는 첫걸음이란 것을 기억해

주시기 바랍니다. 우리의 삶이기도 합니다.

셋째로는 평생 배워야 하는 학생의 신분을 잊지 말자는 것입니다

물은 끊임없이 흘러야 하는 것이 세상 이치란 것을 다들 잘 알고 있을 것입니다. 문제는 그 물길을 막는데 아무런 죄의식을 느끼지 못하고 있다는 것입니다. 물이 흘러야 하는 것은 머리로 인식하고는 있는데, 그 물길을 막지 말고 터주어야 한다는 그래서 물이 유유히 흘러 온갖 피조물의 생명력이 되어야 한다는 당위성이란 것을 향한 공감에 이르게 하는 발언으로서의 이성적 언어 사용에는 둔감한 것이 바로 자연의 순리를 훼방하는 사람의 모습입니다. 이들은 오직 개발, 변혁, 진보적 사상들로 가득 차 있을 뿐입니다. 이는 곧 지구, 인류, 자연의 멸망을 초래할 수도 있는데 말입니다. 더욱이 자연의 파괴로 인하여 인간들을 향한 예기치 못한 질병의 원인이 되는데도 말입니다. 이와 같이 이율배반적인 판단이 빚어낸 자연 생태의 문제들이 도처에 널려 있음을 우리는 간과해서는 안 됩니다.

인성의 계발이나 발전 그리고 인성 회복에도 이 원칙은 동일하게 적용되어야 한다고 봅니다. 그 가장 확연한 방법은 바로 '공부', '학습', '훈련'을 해야 한다는 것입니다. 대한민국이 치중하고 있는 영어와 수학 그리고 국어가 아닌 올바른 가치와 의미를 창조할 방법 노선으로서의 '인생 공부'를 말하는 것입니다. 예로 철학이나 신학을 비롯한 인문학이요. 인류가 자기 계발을 위한 필독서 및 감성과 이성의 조화를 꾀하는 각종 예술학문에 관한 공부를 스스로 해야 한다는 것입니다. 영어나 수학 국어는 그 일정 과정을 요구하거나 결과론만을 필요로 하는 시험을 통과하기 위한 기준과정은 될지 몰라도, 삶을 잘 살아내는 데는 그만큼 필요로 하지도 중요하지도 않다는 것은 누구보다도 잘 알고 있다고 봅니다. 그래서 대한민국의 학교 수업은 균형을 잃거나 공부의 초점이 잘못 맞춰져 있다고 봅니다.

최소한 이들 공부를 한다고 할지라도, 간간이 위에서 예시한 철학이나 신학, 정치 그리고 사회를 진단하고 인간 관계성에서 비롯한 이해와 설득 그리고 진리를 제대로 통용시킬 대화법 등을 비롯한 인문학의 기초적인 학문으로서의 수업이 일정 부분 도입되어 유익한 인생 공부가 이루어져야 건강한 삶을 살아가는 토대 삼을 수 있습니다. 또한, 정규 학교과정을 졸업하고 이후의 삶에서도 필요한 분야를 위한 독학으로 인문학을 향한 그리고 자신들이 원하고 바라는 삶의 질을 높이기 위한 공부를 스스로 할 수 있는 방향과 방법을 찾아가게 되는 것입니다.

그런데, 이러한 기초적 학문조차 가르치지도, 배우지 못한 사람들이 성인이 된다면 인생의 이정표를 들고 길 나서는 거룩한 망명자적 리더십을 지닌 역할자로서의 공부할 방법, 방향을 찾지 못한 채 세월을 허송하게 된다고밖에 더 이 상 뭐라고 해야 할지 할 말을 잃게 됩니다.

제가 직장생활을 병행하며 글(시, 수필, 평론, 서평, 칼럼 등)을 쓰고는 있지만, 공부, 독서 등의 필요성을 아무리 강조하고 강의 혹은 회의 석상에서 그 중요성을 알고 피력한다고 해도, 위의 문제가 해결되지 않아서 일어나는 문제는 늘 정체 혹은 고여 있어 중년기에 직면한 사람들이 인생의 퇴보 일로에서 미래가 점점 더 어두워지고 있음을 깨닫게 된다는 것입니다.

중국의 대학자 왕 멍은 평생 학생이라는 명분론적 신분을 유지하면서 살아온 사람입니다. 그가 『나는 학생이다』(들녘)에서 공부의 중요성과 방향성에 대해서 가르쳐주고 있는 부분을 접하게 된다면, 평생 학생의 신분의 필요성과 중요성에 대해서 알게 될 것이고, 그 방향을 향하여 성큼성큼 다가서야 할 용기를 얻게 될 것입니다. 많은 사람이 성인이 되어서도 실용 학문에만 전념함으로써 잃게 되는 인간의 참맛과 참 멋을 거듭 발견하고 경험하기 위해서 우리는 끊임없이 공부하는 학생의 신분으로 돌아가야 합니다. 이것이 바로 21세기 성공주의로서의 물량주의를 행복의 척도에 놓는 것처럼 착각과 오해하면서 천민자본주의 늪에서 허덕이며 죽어가는 사람들에게 크게 경종을 울리게 될 것입니다. 왕 멍은 그의 저서에서 다음과 같이 '학생의 신분'에 대한 중요성에 대해 조언을 아끼지 않고 있음을 보게 됩니다.

"학습은 나의 뼈와 살이다. 학습은 나의 뼈(구조)이며 나의 살(재료)이다. 학습은 나의 정신이며, 추구이다. 사명이며, 분투이다. 게임이며, 지적 체조이다. 학습은 나의 기둥이자 영원히 차지할 수 없는 교두보이다. 학습은 내게 불패의 자리를 지키게 해주는 든든한 원군이다. 학습은 사악한 세력에 대한 저항이다. 사상을 박탈할 수 없는 것과 마찬가지로 학습도 박탈할 수 없다. 학습은 총칼의 위협에서도 나를 건강하게 한다. 누군가 내 몸을 위협하거나 억압할 수는 있지만, 내가 눈을 감고 묵상에 들어가 당시를 읊고, 송시를 외우고, 영국의 14행시를 암송하는 것을 제한할 수는 없다. 내가 시시각각 국어 단어를 복습하는 것을 막을 수 없다. 사색과 추억, 분석과 관찰을 막을 수 없다. 심지어 어리석은 사람이 독선으로 지껄이는 허튼소리를 경청하는 것조차 제한하지 못한다. 학습은 내가 외부 세계와 화해할 수 있고, 협조할 수 있으며, 교류할 수 있게 해주었다. 나는 학습을 통해 현실적 가능성을 발견했고, 그 가능성을 소중하게 여길 줄 알게 되었으며, 모든 적극적인 요소를 동원하여 이용할 줄 알게 되었고, 세계에 대해 좀 더 잘 이해하게 되었다."

일생을 공부하면서 시대를 읽어나가는 힘은 학생의 신분으로 학습의 중요성을 잃지 않고 살아왔다는 왕 멍의 진술인 것입니다.

그렇다면 이 시대의 산업전선에서 살아가야 할 중년으로서의 셀러리맨들의 삶 관을 충분히 180도 유턴을 시켜야만 합니다. 우리 삶의 행복 그리고 가치, 사회가 불러와 우리를 불편하게 하는 수많은 불편 사항과 조직 그리고 허울 짙은 삶의 모형이나 그림자를 앞세워 우리를 억압하고, 참된 행복으로부터 역행하여 불행의 늪으로 밀어 넣으려고 안간힘을 쓰는 시대의 풍기(風紀)를 향해 우리는 반드시 저항하여 참된 자아를 찾아 여행을 떠나야만 합니다. 그러기 위해서는 우리는 학교 수업과의 연관성이 아닌 삶의 여정을 묻는 생활지도(Life mpe)와 같은 학습을 향해 힘써야 하는, 자기 학습을 해야 하는 학생의 신분을 하루속히 찾아야 한다는 말입니다.

이어서 왕 멍은 위의 도서에서 다음과 같이 배움의 중요성에 대해서 추가로 가르쳐 주고 있습니다.

"배움은 사람들에게 보다 더 건강한 태도와 자세를 취하도록 만든다. 비판은 건강한 비판이어야지 결코 큰소리로 세상을 협박하는 비판이어서는 안 된다. 고통은 대가가 있는 고통이어야지 마약 중독자의 허무한 고통이 아니다. 성공은 명석한 성공이지 과거에 급제한 판진(중국 고대 소설에 등장하는 인물, 일생을 바쳐 과거에 응시했던 시골 선비가 매번 낙방하다가 겨우 40세가 넘어서 과거에 합격했는데, 너무 기뻐 흥분한 나머지 그만 정신이상에 걸림) 식의 성공이 아니다. 내가 나의 신분을 학생이라는 신분을 확인했을 때의 홀가분함은 어떠한 말로도 형언할 수 없었다. '학생'은 나의 신분만이 아니고, 나의 세계관이자 인생관이며, 성격과 감정의 세계를 유기적으로 결합시킨 단어였다. 인생이란 배우는 과정이다. 인생은 공허하거나 퇴폐적이거나 무의미한 것은 아니다. 박력이 있고 흥미로운 것이며, 성과를 올릴 수 있으며 의미 있는 것이다. 물론 학생으로서의 나날이 진보하려면 하루하루를 경건하고 정성스러운 자세를 가져야 한다. 인생은 절대로 오만한 자의식이나 초인적 패권주의로 일관해서는 안 된다."

이 시대를 살아가는 중년으로서의 위치는 참으로 대단히 중요합니다. 맡겨진 직책이 중요한 것이 아니요, 여러분이 속한 직장의 규모가 중요한 것이 아닙니다. 현재 받는 연봉의 액수가 중요한 것도 아닙니다. 어느 학교에서 얼마만큼의 공부를 했느냐의 기준도 그렇게 중요하지가 않습니다. 학/박사 등 자격 소지 여부도 마찬가지로 중요하지 않습니다. 얼마만큼 크고 넓은 아파트를 분양받아 살고 있는가도, 배기량이 큰 차량을 소유하고 이용하여 출근과 퇴근을 하는가와 직장에서의 지위의 높고 낮음의 여부도 여러분의 삶을 가치 있게 하는 데는 그렇게 중요하지 않습니다.

그것은 분명한 사실입니다. 문제는 나와 여러분이 주어진 현 위치에서 어떤 인생관과 가치관을 가지고 긍정적, 궁극적인 삶의 목표를 설정하고, 그 여정을 잘 통과하고 있는가의 관계적 질서와 의미를 지니고 신 앞에 선 단독자로서 건강한 정신으로 현재를 가장 잘 살아내고 있는가의 현재적 시점이 중요한 것입니다. 왕 멍이 이차원에서 학습, 공부의 중요성을 피력하고 있는 것입니다. 이 모든 삶을 위해서 노력하는 삶의 자세 그 자세를 견지하고 살아가는 사람으로서의 학생을 강조하고 있는 것입니다.

대한민국은 이상하게도 관계성에 대한 모순을 많이 안고 있는 민족입니다. 그래서 그런지 몰라도 다툼이 많고, 그 다툼의 결과는 원수지간을 형성하기 일쑤입니다. 하나도 본받고 싶지 않을 만큼 치명성을 야기 시킨다는 점에서 망국병과도 일치한다고 볼 수 있습니다. 이는 서로의 마음을 이해하는 협상과 교섭으로까지 연관성을 이어가 사회적 문제, 국가적 문제로까지 야기되는 모습을 흔히 목격하게 됩니다. 결과론적으로 세계에서 가장 송사가 받은 나라라는 불명예스러운 민족이 되고 만 것입니다.

이는 초·중·고·대학교 생활의 학습 과정에서 빚어진 학습 질의 모순이라고밖에 볼 수 없습니다. 우리가 직장생활을 통하여 배울 한 가지는 바로 관계성을 다지거나 배우거나 회복하는 방법을 터득, 깨달아야 할 과정임을 분명히 기억해야만 합니다. 그렇지 않다면, 관계성의 모순이 나은 결과론적 문제는 더욱 심각해질 수밖에 없다는 사실을 잊지 않으시기를 바랍니다.

근래에 일어난 아파트의 층간 소음을 비롯하여 주차 시비 그리고 재산의 분할로서의 유산 다툼, 갑질 논란, 근로자로서의 노(勞)와 기업으로서의 사(社)의 극렬한 대립으로부터 발생하는 현상 등 수 많은 사회문제는 씻지 못할 사회적 반감을 동반한 치명적인 죄를 낳게 된다는 사실을 잊지 않기를 바랍니다. 이는 또 다른 심각한 범죄의 온상이 되는 경우가 된다는 것도 알게 될 것입니다. 이 모두를 알고 보면 그 이면에는 불편한, 건강치 못한 관계성이 원인이 되고 있다는 사실을 알게 될 것입니다.

그래서 우리는 끊임없이 참된 삶의 주인공으로 살아내기 위해서 공부란 명분의 자기 지도요, 연출을 멈추지 말아야 하는 것입니다.

정민 교수는 『삶을 바꾼 만남』(문학동네)에서 다산과 그의 제자 황상과 만남, 인연에 대해서 자세하게 소개를 하고 있습니다. 요즘 시대에서는 좀처럼 보기 힘든 만남이라 마치 인생 교본처럼 여기고 있는 도서입니다. 이 도서에서 만남의 중요성에 대해서 다음과 같이 설명하고 있음을 보게 됩니다.

"어떤 만남은 운명이다. 더벅머리 소년의 삶을 송두리째 바꾼 단 한 번의 운명적인 만남, 단 한 번의 삶, 그 자체가 향상되는 만남, 그런 만남을 생각할 때면 떠오르는 얼굴이 있다. 다신 정약용과 그의 강진 유배 시절 주막에서 만난 제자 황상이다. 황상 그의 삶은 그 자체로 감동적이다. 어찌 이런 사람이 있을까. 지금의 눈으로가 아닌 당시의 시선으로 볼 때도 그랬다. 이름 없는 시골 아전의 아들이 멋진 스승과 만나 빚어낸 조화의 선율은 그때도 많은 사람을 열광케 했다. 더벅머리 소년이 스승이 내린 짧은 글 한 편에 고무되어 삶이 송두리째 바뀌어 가는 과정은 한 편의 드라마이다. 우리는 매일 새로운 만남을 반복한다. 그토록 간절했다가도 끝에 가서 싸늘한 냉소로 남는 만남도 있고, 시큰둥한 듯 오래가는 은은한 만남도 있다. 나는 이 한 생을 살면서 어떤 만남을 가꾸어가야 할까? 이제 그들은 가고 남은 자취는 덤불 속에 묻히거나 수몰되고 없다. 그래도

나는 이렇게 조용히 말하련다.”

일본 태생의 오쇼는 자국이나, 미국에서나 그 어느 곳에서도 환영받지 못한 인물로서 극소수의 제자만을 둔 사람이었지만 뚜렷한 가치관을 가지고 독특하게 살아온 인물로서 최근 일본인들에게 관심사를 제공해 주는 인물로 알려져 있습니다.

그는 저서 『인생에 소중한 가르침을 준 스승과의 위대한 만남』(비전 코리아)에서 아주 개성적인 만남의 특징을 소개하고 있음을 발견하게 됩니다.

저자인 오쇼는 자신이 만난 예수 그리스도, 보디 달마. 고타마 붓다, 장자. 디오니시우스, 칼릴 지브란, 노자, 니체, 피타고라스, 소크라테스 등 다양한 사람들은 만나서 그들의 삶과 가르침을 통해서 많은 가치관을 정립시켰습니다. 그러나 다른 사람에게서는 발견하지 못했던 특징으로써 오쇼는 이들을 만나면서도 자기 삶을 묻어 버리지 않고, 자기 삶에 그들의 가르침을 접목시켜 개발시켰다는 것입니다. 그런 그가 오늘의 일본인들이 따르는 인문학자가 된 것입니다.

어느 한 사람이 자신의 이름을 역사 속에 자리매김하고 살아가는 것이 보편적인 삶의 방법만으로는 결코, 불가능합니다. 오쇼를 통하여 비판되고 평가되는 위대한 인물들의 삶의 면면을 제대로 평가하고 진단하는 능력을 배양하기 위해서 우리는 늘 자기 가치관과 인생관을 기초로 하여 열심히 학습하는 노력을 지속적으로 훈련할 때, 그 판단 기준이 분명하게 설 수 있습니다.

즉 21세기를 살아가는 모든 사람에게는 틀에 박힌 혹은 누군가 명명해준 학문이나 식자들의 의견이 완전무결한 것처럼 여겨지거나 그대로 모방하거나 답습만을 해서는 안 됩니다. 주관화 혹은 객관적으로 올바른가를 놓고 냉정하게 분별하는 능력을 키워야만 합니다.

그렇지 않다면 식자들에게나 권력을 가진 사람들에게나 성격이 강압적인 또 다른 그 누구에겐가 우리는 로봇처럼 조종당하는 삶을 살 수밖에 없게 됩니다. 이미 우리 사회는 빈부의 격차가 심화되어 있으며, 그릇된 정치인들의 계략에 함몰되어 이분법으로 나누어진 채 그들로부터 심각하게 조종당하고 만 현상을 쉬 발견하게 될 것입니다. 게 중에는 이를 인정하지 않으려고 애를 쓰는 사람들도 분명 존재할 것입니다. 그들을 힐난하고 바로잡는데 시간을 빼앗기고 싶지 않지만 참으로 가슴 아픈 현상이 아닐 수 없음은 분명한 사실입니다.

그들은 정치적인 현상 앞에서 자신의 또 다른 역기능적 성향을 위로받고 싶어 해서 그 센터에서 들어가 구성원이 되고 일원이 되어 동질의식으로서의 위로를 받고 자기 삶을 인정받고 싶다는 또 다른 욕망이자 망상이 그들의 삶을 유혹하여 일어난 현상이기 때문입니다. 그런가 하면 그 어느 한 유파에 속하여 자신의 성공적인 삶을 보상이라도 받고 싶어 하는 심사가 발동한 이유이기도 합니다. 문제는 그들이 자신의 성향, 욕구이면서도 동시에 자신의 현재의 모습을 발견하지 못하고 있다는 것입니다.

또한, 정치적인 인물들은 유권자로서의 우리 모두를 사랑하지도 위하지도, 관심을 가지지도 않는다는 것입니다. 다만 이용하고 이용당할 뿐입니다. 그래서 우리는 중심을 바로 잡아야 비로소 정확한 실체를 볼 수 있고, 문제와 해결안을 발견하게 되고, 건강성을 위하고 효율적인 행보를 내디딜 수 있게 됩니다. 이는 단순히 나의 의견이라기보다는 『역사 사용설명서』(공존)를 쓴 마거릿 맥밀런이나 『비통한 자들을 위한 정치』(글항아리)를 쓴 파커 J 파머나 『하나님의 정치와 인간의 정치』(대장간)을 쓴 자크 엘륄 등의 강연을 통해서 볼 때 그 사실은 분명해집니다.

만약 정치의 소신이란 명분을 내세워 분별없이, 용기 없이 그리고 확신 없이 떠돌아다니는 SNS상의 검증되지 않은 소문을 품고 고집을 부리거나 아우성을 토해내거나 여러분의 역기능적 삶의 환경이 만들어낸 지역주의나 반골 기질로 인해서 그릇된 논리나 프로파간다식의 논쟁을 일삼고 싶어 하거나, 그 속성으로부터 분별력이 약하거나 분별력이 없는 논리로 주장을 펴기를 원한다면 우리는 충분히 학습과 만남을 통한 자기 소신 발언에 신중해야만 할 것입니다. 그렇지 않게 된다면 관계성은 망가지고 신뢰는 깨지고 박살이나 회복 불가능한 상태로 방치하게 될 것이 분명합니다.

그래서 우리는 이 모든 앎을 향한 치열한 학습과 자기 경험을 통한 노력으로 올바른 분별력을 키우고, 초절주의적 중심론 안에 뿌리를 내린 사람으로서 시대와 시대의 병적인 현상 등을 진단하고 그 안에서 공존하는 많은 현상을 올바로 판단하고 건전한 비판력으로 발전을 꾀해야 한다고 봅니다. 쉬운 일은 아니라 하더라도 지금부터 공부를 시작하시기를 바랍니다. 그리고 그 공부를 직장에서 온갖 다양한 사람들과의 관계를 통해서 시험적으로 적용하고 임상 실험의 일환으로 적극적으로 배워 여러분 자신의 삶을 후회 없이 빛내실 수 있기를 부탁드립니다. 그 모든 일은 과거가 아닌 오늘을 얼마나 성실히 잘 준비하느냐에 따라서 결정된다는 사실을 잊지 않으시기를 바랍니다.

〈문명의 이데올로기와 그로 인해 흔적을 잃은 이들의 향한 애도 시〉

성북동 비둘기 / 김광섭

성북동 산에 번지가 새로 생기면서
본래 살던 성북동 비둘기만이 번지가 없어졌다
새벽부터 돌깨는 산울림에 떨다가
가슴에 금이 갔다
그래도 성북동 비둘기는
하느님의 광장 같은 새파란 아침 하늘에
성북동 주민에게 축복의 메씨지나 전하듯
성북동 하늘을 한 바퀴 휘돈다
성북동 메마른 골짜기에는
조용히 앉아 콩알 하나 찍어 먹을
널찍한 마당은커녕 가는 데마다
채석장 포성이 메아리쳐서
피난하듯 지붕에 올라앉아
아침 구공탄 굴뚝 연기에서 향수를 느끼다가
산1번지 채석장에 도루 가서
금방 따낸 돌 온기(溫氣)에 입을 닦는다
예전에는 사람들을 성자처럼 보고
사람 가까이

사람과 같이 사랑하고
사람과 같이 평화를 즐기던
사랑과 평화의 새 비둘기는
이제 산도 잃고 사람도 잃고
사랑과 평화의 사상조차
낳지 못하는 쫓기는 새가 되었다

제4부

영혼과 육체, 삶의 치유

지금까지 직장인으로서와 문학인으로서 그리고 인문학 종사자로서 건축의 가치와 그 안에서 공존하는 사람들에 대하여 심사숙고 사유해 보았습니다. 물론 어느 것이 오른 것이고 또 어느 것이 틀린 것인지의 관점의 차이 또한 모호한 상황을 연출한다는 점에서 딱히 뭐라고 말할 당위성을 잃게 하는 것이 바로 21세기 오늘날의 실정입니다.

그러나 분명한 것은 이 시대를 살아가는 수많은 사람이 행복을 고백하지 못하고 살아간다는 것과 인간의 가치가 폄하되거나 소실되고 있다는 것이고, 관계성의 균열이 심화되어 신뢰가 점점 더 깨지고 있다는데 문제의 심각성이 노출되고 있는 것입니다.

이렇게 변해가는 현상에는 분명 뚜렷한 원인이 있었음을 살펴보았습니다. 그렇다고 거대한 시류를 역행한다는 것은 참으로 어려운 일입니다. 천민자본주의 국가에서는 자본 우선주의가 팽배해져 그들에 의해서 세상은 지배되고 사회구조에도 치명적인 영향을 미칠 수밖에 없다는 것이 명백해졌습니다.

그렇다면 인간인 우리가 더욱이 인간 대접을 받고, 인간으로서의 가치를 충족시켜야 한다는 바람에 동의하여 지구와 인류를 인간의 온기가 남아있는 공간으로써 재구성하기를 원한다면 그 사람들과 연합하여 공동전선을 구성해야만 합니다. 이 글이 그 전략을 수립하는 청사진 역할을 할 수 있었으면 좋겠습니다.

문제는 자본 시대에 인간의 가치가 터부시 당하고, 신뢰에 치명적인 균열이 일어나서 인간과 인간 간의 행사가 원활하게 이루어지지 못함으로 인해 발생하는 사건 사고를 방치시켜 둘 수 없기에 같은 생각을 지닌 동지들과의 힘을 합쳐 살기 좋은 인간 세상을 재구성해 보는 것이 이 글의 목적이라고 할 수 있습니다.

이미 우리들의 주거공간이 상당히 변해 있으며, 그 구속 여건에 따라서 우리의 생활시스템도 상당 부분 변해 있는 것이 사실입니다. 편리성 하나만을 고려할 땐, 딴지를 물을 길 없겠지만, 편리가 단순 편리가 아니라 인간들을 격리시키고 소외시키는, 그리고 상실(喪失)을 유발하는 구조로 변해간다면 분명 문제는 드러나기 마련입니다.

그 문제가 심각한 사회문제화 되어 가고 있다는 것은 교육의 가치, 종교인들의 삶의 목적, 행복, 인간 위주의 삶에 대한 이유를 묻고 그 대답을 신속하게 기다리는 사람들은 쉬 인정하게 될 것입니다.

가뜩이나 21세기는 AI(인공지능 시스템) 운운하여 사람의 순

수 생활이 차단되는, 고립되는 상황의 엄습을 초래 당하는 부류의 계층이나 연령대에 이른 인물이 있다는 것은 분명 문제입니다. 단순 자본의 창출을 목적으로 하는 대기업, IT 중심의 기업에 의해서 지배를 받고, 그들의 카리스마적 경제 원리에 의해서 이와 같은 고립감을 느낄 만큼 급변하는 세대라면 생활의 편리성을 떠나 괴리감이 형성되고 소외와 회의 범주 안에서 또 다른 정신, 영혼의 빈곤과 함께 각종 질환의 요소가 발생하게 된다는 것은 크게 우려해야 할 요소라고 봅니다.

이는 단순 비 적응이 아닌 도벽이나 폭력성으로 치닫게 되고 이것도 저것도 아니면 스스로 목숨을 해하는 자살 충동으로 내몰리면서 인간의 가치에 치명적인 손상을 입게 됨을 간과할 수 없게 됩니다. 환각 작용 등 알코올 중독 등 정신적 빈곤을 달래기 위한 비공식적 범죄적 현상이 두드러지게 됨을 우리는 기억해야 합니다. 이에 대한 대안은 늘 그래왔듯이 그 문제가 심각하게 확산된 이후에야 비로소 대두된다는 점에서 소 잃고 외양간 고치듯 뒷북치기의 행정이 되기에 늘 사회적 문제는 문제로서 그냥 방치가 된다고 보는 것입니다.

그렇다면 이 심각성을 우리 스스로가, 사회에 몸담고 생활하는 중년 시대를 살아내는 우리가 감성과 이성을 동원하고, 하모니를 이루어 해결점을 찾아가는 노력을 해야 함이 분명한 과제로 떠올라야 합니다. 이 장에서 그 문제와 대안으로서의 현주소를 찾아가 보고자 합니다.

CF. 1.

직장은 남과 여 모두의 배움터입니다.

저는 30년 동안 직장생활을 해 오고 있다고 말씀드린 적 있습니다. 물론 숫자적인 년 수는 그렇게 중요한 것이 아닙니다. 다만 30년 직장생활을 하면서 나름 삶의 발전을 위해서 건강한 의식을 가지고 노력하면서 살아왔기 때문입니다. 그 발전의 방향이나 출구로써 인문학을 선택하였고, 그 인문학이야말로 그 어떤 학문보다도 삶을 윤택하게 할 뿐 아니라 인간과 인생을 올바로 진단하고 가치 있게 살아가는 가장 중요한 학문이라고 생각하였기 때문에 그를 선택하고 그 방향으로 최선을 다해서 노력했다고 말씀드릴 수 있습니다.

신학교를 졸업하고 수년간 교역자로 봉사하다가 나름 삶의 목표를 선회하여 직장에 취직하기로 하고, 근로자의 신분으로 돌아가 그리스도인으로서의 사명을 역동적으로 살아드리기로 약속을 한 것입니다. 그 이유는 나중에 드릴 수 있기를 바랍니다.

만약 생계의 수단으로만 여기고 직장생활 속에서 살아왔다면 감히 누구에겐들 내놓을만한 것이 있겠습니까? 그러나 분명 저의 삶의 목표는 분명했습니다. 그렇다고 평탄한 길을 걸어왔다고 장담할 수도 없습니다. 갑질의 현장을 묵묵히 걸어오면서 인문학을 몸소 실천하며 살아왔다고 말하는 것이 맞는다고 봅니다. 그러니까 인문학을 이론으로서의 공부만 한 것이 아니라 삶으로써 인문학의 현장을 살아왔기 때문에 뿌듯하고 의미가 깊은 것입니다.

각 분야를 다룬 도서들을 만족할 만큼은 아니더라도 충분히 읽고 나름 서평을 써서 월간지《내 마음의 편지》에 수년간 소개하는가 하면, 각종 신문으로서의 〈ngo 신문〉과 〈중부일보〉를 비롯하여 〈경기일보〉 등에 칼럼을 연재하기도 했습니다.

지금도 네이버 블로그에 'http://blog.naver.com/autom12'에 인문학 단행본과 신앙도서, 중년을 위한 도서와 시집평 등을 꾸준히 연재하고 있습니다.

이뿐 아니라《비는 비켜서는 법을 가르쳐 준다》(삼사재) 외 12권의 시집과 공동 시집을 출간해왔으며,《가정의 건축가인 아버지의 영성 회복》(지구촌가정사역원) 외 3권의 수필과《책의 숲속에서 멘토를 만나다》(글 벗) 외 3권의 산문집과《아름다운 바보 세상 보기》(강남출판사)의 칼럼집을 세상에 내놓으면서 끊임없이 인간답게 순수가치를 추구하면서 살아오고 있습니다. 창조주는 그런 나를 들어 대학 강사로 그리고 크고 작은 각 단체에서 강사로 세워 주셨습니다. 그러니까 제 유소년 적 꿈도 간접적으로 이루어온 셈입니다.

이 모든 행보가 사실 인문학을 위한 저의 삶이며 동시에 삶으로 인문학의 본을 보이고 있다고 보면 맞는 말입니다.

공부하고 싶은 열정을 접지 않은 저에게 기회는 비켜 가지 않았습니다. 한국성서 대학교를 졸업한 제게 한국 방송통신대학교 국어국문학과를 졸업할 수 있게 하셨으며, 잠깐이기는 하나 한국 외국어대학교 대학원 국어국문학과에 몸을 담아 그들의 문화를 경험케 하셨으며 최종적으로 고려대학교 대학원에서 비교문학과를 졸업하는 것으로 저의 인문의 지형을 넓혀 온 것도 감사한 일입니다.

사실 이 모든 삶을 자랑하려고 서술한 것이 아님을 이해해 주시기를 바랍니다. 어차피 이 책을 쓰기 시작한 목적이 이 시대를 살아가는 중년으로서의 우리 모두 거뜬히 살아내면서 동시에 한 번밖에 오지 않는 이 시기를 의미 있게 잘 살아내기 위한 행보이니만큼 동료 직원들을 비롯하여 여러분과 함께 가치와 의미 있는 그리고 아름다운 인생을 동행하고 싶기도 하고, 그런 동기가 될까 싶어서 말씀드리는 것뿐임을 이해해 주시기 바랍니다.

더욱 자랑스러운 것은, 이 모든 삶이 갑질이 심한 직장생활(건물 매니저먼트사 –건물 종합관리)을 하면서 병행하였다는 데서 그 의미를 찾을 수가 있겠습니다. 앞의 각 장에서 간간이 갑질의 논란이 되었던 점에 대해서는 조금 설명해 드린 적 있으나.

그것은 극히 일부에 지나지 않은 예에 불과합니다.

갑질에 연루되어 몹시도 곤고한 시절이 올 때마다, 병적인 시대를 거슬러 극복하고 스스로 개혁하여 아름다운 영향력을 유지해야겠다는 신념으로 버티어 오고, 그들을 설득시키고 이해시켜 한 시대를 동행하는 동료로서의 호흡을 같이할 수 있었다는 점이 행복한 순간으로 떠오르는 것도 다 그 중심에 인문학 정신과 새로운 삶을 위해 노력하고자 하는 에너지가 살아있었기 때문이며 동시에 신앙인으로서의 실천적 믿음과 신념이 있었기에 가능했다고 말씀드릴 수 있겠습니다. 분명하게 말씀드릴 수 있습니다.

우리의 삶은 결코, 무한하지 않다는 사실입니다. 공짜로 주어지지도 않습니다. 거저 되는 인생은 아무것도 없습니다. 그렇다고 부귀영화가 인생의 전부가 아니듯 행복의 척도가 될 수 있는 것도 아닙니다. 분명한 것은 내가 하고 싶은 것을 하면서 동시에 현실적인 삶과 동거하는 열심과 의미를 잃지 않고 거룩한 삶을 살아온다면 그것이 바로 개개인에게 주어진 그리고 그 자신만이 누리는 큰 행복이라고 할 수 있습니다. 그러기 위해서는 우리는 열심을 내야 합니다. 맡겨진 터전으로서의 직장에서 어떻게 살아야 할 것인가에 대한 비전을 스스로 품고 열심히 살아야 합니다.

그래서 직장이 중요한 것입니다. 직장은 단순히 생계의 현장이 아닌 나와 여러분의 삶을 담금질하는 훈련장이라는 것은 잊지 않으시기를 부탁드립니다. 결코, 쉬운 삶이 아닐지라도 우리는 역류하는 동력을 잃지 않아야 합니다. 그러기 위해서는 늘 자기 자신의 꿈을 이루기 위한 삶을 찾아서 백방으로 달려나가는 추진력으로서의 에너지를 소유해야만 합니다. 그 의미의 생산기지가 바로 직장입니다. 그렇다면 그 직장생활을 어떻게 해야 할까요?

첫째로는 건강한 의식으로의 전환을 요구하는 곳이어야 합니다

현재 가장이든, 예비 가장이든 직장에 몸담은 내내 우리는 최선을 다해야 하지만 결코 비굴해서는 안 됩니다. 연봉의 숫자적 개념에 목을 매듯 하지 않아야 하며, 진급 등 수직적 상승에 역시 인생을 걸 이유가 없습니다. 모든 것이 유한한 삶 속에 순간자리하는 역시 잠시 머물다가 사라지는 찰나와 같은 생활 일부이기 때문입니다.

직장생활을 행복하게 하기 위해서는 나라는 그 한 사람의 가치를 잊어서는 안 됩니다. 부모가 나를 낳아 세상에 낸 이유로부터 시작하여 신이 나 하나의 삶을 창조하신 데는 분명히 목적의식이 있다는 개념설정부터 다시 하시기 바랍니다. 그러므로 그 누가 갑질을 통하여 나를 비하(卑下)시키려고 해도 굴욕을 당하지 않는 든든하고도 여유가 있는 자아로 변신해야 할 용기와 결단을 지녀야 한다는 것입니다. 최소한 저는 그렇게 삶을 살아왔습니다.

모두가 긍휼히 여겨야 할 대상이며 동시에 서로 도와주고 도움을 받는 상호협력과 보완해야 할 대상이지 갑질이라는 일방통행은 결코 세상에 존재해서는 안 됩니다. 그것은 평화적이며 평등적인 인간을 대상임으로 그렇게 해서는 아니 되는 파렴치 행각이 됩니다. 그 갑질을 하는 사람은 지위의 높고 낮음을 막론하고, 재산의 축적 여부와 관계없이 자기 콤플렉스(정신질환적 소유인 소시오패스, 사이코패스, 완벽주의자)로부터 연유된 것임을 알고 그들의 삶을 불쌍히 여겨야 합니다. 그리고 가능한 한 그들과의 관계를 피하는 것이 좋습니다. 이것이 나와 여러분을 당당하게 만들어가는 최선의 방법입니다. 대적하려고 들지 않는 것이 좋습니다.

지위가 높은 사람은 나보다 먼저 입사하여 경력을 필요했고, 그 경력에 의하여 부여받은 대가성 자리라 생각하면 마음이 편해질 것입니다. 연봉의 많고 적음도 유사한 생각으로서 그가 나보다 재직 연한이 오래되었거나 일을 많이 해서 책정된 것으로 생각하는 것이 좋습니다. 돈은 누구에게나 필요한 현실적 물질로서의 중요한 수단임에는 틀림없는 사실입니다.

그러나 조금 부족하면 그만큼 불편할지는 모르지만, 인생 자체에 불행을 자초하는 무기는 될 수 없다고 봅니다. 왜, 내가 놀고 있는 것이 아니라 현재에도 노력하고 봉사하고 최선을 다하여 각종 노동(지적 노동 포함)을 하고 있기 때문입니다. 욕심이 앞서는 까닭이요, 탐욕을 버리지 못하여 자족의 의미를 놓치고 있는 까닭에 저마다 행복의 콧노래를 부를 여유를 잃고 살아가는 슬픈 모습을 기억하시기 바랍니다.

저는 일을 하면서 참으로 많이 힘들어했던 적이 헤아릴 수 없이 많았습니다. 물론 과거가 되었으나 동시에 여전히 현재 진행형인 것이 안타까울 뿐입니다. 계절과 관계없이 그리고 시간의 예외 없이 새벽이나, 밤낮 가리지 않고 건물에 문제가 발생 되면 달려가 수습과 보상을 놓고 무진 실랑이를 버려야 하며, 매일 핸드폰을 켜놓고 비상 대기해야 할 서비스 직종 종사자인 까닭에 고달픔이라면 헤아릴 수 없을 만큼, 그 누구보다, 그 여느 직종 못지않다는 것을 말씀드릴 수 있습니다.

그렇다고 그 고통이 다 해결되는 것이 아니기에 의식의 전환을 해야 한다는 마음과 가치관을 갖고 맞이하는 것입니다. 여기서 저의 직장생활의 애환을 다 설명해 드린들 여러분은 이해할 수 없을 것입니다. 저의 삶이 난해할 뿐입니다. 다만 어느 직종이든 만족은 그렇게 크지 않다는 것입니다. 다만 나의 의식의 전환으로 인해 자족의 경지에 이른다면 현재의 고통이 변하여 또 다른 의미가 될 수 있다는 것을 지금까지의 경험으로부터 얻은 결과물로 여러분들과 그 의미를 함께 나눌 수 있어서 좋습니다.

둘째로는 매일의 삶을 위한 일기(체크 리스트) 쓰기입니다

저의 또 다른 직업으로서 시인이며 동시에 문학평론가요, 서평가요, 시 치유연구소장이란 직분에 대해서 말씀을 드려왔습니다. 이것은 자랑하려고 한 것이 아니라 바로 이 장에서 말씀드리려고 한 그 주제를 위해서 소개를 한 것일 뿐입니다.

이 시대는 시인에게도 직업이 존재해야 한다고 믿습니다. 그 이유는 크게 두 가지가 있습니다. 하나는 문학의 주제가 삶의 치열한 경험을 바탕으로 하지 않고 창작한다. 그렇게 되면 추상의 글 혹은 타인의 삶을 차용한 간접 경험인 까닭에 확신이 부족하거나 감상에 머물게 될 승산이 있어 독자들에게 큰 감동을 줄 수 없기때문에 다소 어려움과 희생적인 고통이 따를지라도 직장이란 생계 현장에 기반을 두는 것이 맞는다고 봅니다. 그다음으로는 시나 문학을 가지고는 가족을 부양할 여유를 지니지 못하기 때문에 기본적으로 가장의 역할을 다하기 위해서는 최선을 다해서 직장 일에 임해야 한다는 것을 이유로 삼아오고 있습니다.

그럼에도 불구하고 저는 40년 이상을 일기를 쓰고 매일 수첩에 스쳐 지나가는 상념들을 비롯하여 영감을 기록으로 남기고 있습니다. 이것이 저의 삶의 일부가 되어 오늘의 나를 재창조한 비결이 된 셈입니다.

그만큼 의미 있는 그리고 가치 행복을 추구하기 위해서는 남다르게 노력하지 않으면 결코 그런 가치 있는 삶을 추구할 수는 없습니다. 스스로 영원히 갑질의 범위를 벗어나지 못하고 비굴하거나 기쁨이 없고 자족할 줄 모르는 불행한 삶의 고문관으로 타인으로 동정심을 받게 되거나 소외를 당할지도 모릅니다. 그렇게 살고 싶지 않다면 늘 자신의 삶을 기록하고 지우기를 반복하는 일기와 체크리스트를 작성하시라고 말씀드리고 싶습니다. 한 가지의 예를 들어보겠습니다. 아마도 이 일기는 저의 두 딸이 초등학교 시절에 쓴 것이 아닌가 합니다. 모 지면에 기록으로 남긴 날짜를 생략한 채 소개한 글을 다시 인용하여 소개해 드립니다.

"일전의 일이다. 둘째 딸 아이가 국어 숙제를 하면서 친족의 가계정보에 대하여 조사를 해야 한다면 질문을 해왔다. 먼저 할아버지의 이름에 대한 질문이었다. 별반 의미 없는 질문에 답하여 이름을 알려주었다. 그리고 책을 읽고 있는데 곁에서 딸의 훌쩍거리는 소리가 들려왔다. 무슨 일이 있는가 해서 이유를 물었다. 갑자기 할아버지가 보고 싶다는 것이다. 그랬다. 손녀딸인 나의 작은 딸이 돌아가신 제 할아버지의 이름을 듣자마자 살아생전의 할아버지의 애틋했던 시절이 그리웠던 게다. 아비인 필자의 마음도 덩달아서 동하여 눈이 찡해왔다. …… 핵가족화 시대가 되면서 친족간의 왕래, 관심이 쇠락해지는 시대에 딸의 모습을 보면서 새삼 감사와 함께 핵가족의 문제점에 대해서 심각하게 생각을 해 보았다. 조부와 손주들과의 왕래는 물론 그들의 추억 속에 얼마만큼 자리를 차지하고 있는지 기대는 부정적일 수밖에 없다. 이것이 바로 산업사회가 만들어낸 핵가족의 문제점으로 지적받는 이유다.

또 얼마 전의 일이다. 긴 공백을 깨고 첫 출근 하였다. 그때 마침 큰딸로부터 한 통의 전화가 걸려왔다.

아빠, 힘들지? 아니 괜찮아!. 그런데 왜 아빠의 목소리가 힘들어 보여? 왜 힘이 없어? 이런저런 각종 성향의 다른 많은 사람은 만나다 보니 그렇지, 별것 아니야! 걱정하지 말고 열심히 공부나 해.

딸들이 아직 어린대도 부모를 생각하는 마음이 기특하고 애절하다. 우리는 무엇으로 행복을 느끼며 살기를 원하는가? 돈, 출세 지향적 야심, 혹은 높은 지위, 명예, 권력 …… 아니다. 물론 그것들이 행복을 대신해 줄 수는 없다. 가장 큰 행복은 가족이란 이름의 구성원들 간에 샘솟는 관계망 속에서 얻어지는 것이다. 또 그렇게 되어야만 하는 것이다. 그럴 때 비로소 만사형통이 이루어지는 것이라고 믿는다. 그렇다면 반드시 선행해야 할 것이 있다. 가족 간의 아름다운 추억을 많이 만들어야 한다."

위의 기록문은 '가족 안에서 만들어내는 추억'이란 제목의 일기문이다. 지금 읽어봐도 가슴이 찡하게 울린다.

'중년의 자기 위로'라는 제목으로 쓴 한 가지 일기를 더 소개하는 것으로 이 단락을 마무리하려고 한다. 그만큼 기록물이 중요하기 때문이다. 이 시대는 자기 내면의 갈등이나 아픔을 들어주고 위로해 줄 이웃이나 친구들이 많지가 않다. 그것이 기쁜 일이라고 해도 마찬가지다. 나의 속뜻을 함께 나누기를 꺼리는 이기적 분위기가 지배적이기 때문이다. "피리를 불어도 함께 노래하거나 춤추지 않고, 애곡을 하여도 함께 울어 줄 사람이 없는" 냉정한 시대를 우리는 공존하고 있습니다.

"중년은 실로 부담을 많이 앉고 살아가는 세대다. 만나는 사람들도 가지각색이고, 환경의 영향이라기보다는 처한 환경에서 영향력을 발휘해야 하는 짊까지 떠맡게 되는 위치이기 때문이다. 그러면서도 환경에 지배를 받으면서 살아간다. 자신의 참모습, 자기만의 색깔을 분명히 내야 할, 사리 분별이 뚜렷해야 할 시기이다. 그러나 현실적으로 그렇지 못함을 본다. 자기 소리는 물론 자기 정체성이 무엇인지 모르고서 세월을 흘려보낸다. 혹, 정체성이나 가치관이 분명한 사람들이 겪는 사회 구조적 갈등 – 제소리를 내거나 정체성의 분명한 선을 제시할 때, 이를 받아 줄 사회조직원들의 수준 혹은 삶의 방법에 비추어 볼 때 수동적인 면이 지배적이라고 할 수 있다. …… 중년은 위아래로 치이는 위치임이 틀림없다. 그렇다고 무작정 자신의 삶을 타인에 의한 수동적인 지시행위로 인한 근심, 걱정, 비전의 부재, 의지력 상실, 스트레스 등에 내어 주고 보낼 수야 없지 않은가. 그러기에는 얼마나 귀중한 시간인가."

2007년의 어느 날 〈처음과 끝〉이란 제목으로 쓴 기록물입니다. 이 또한 직장과 연관된 선상에서의 마음이 담긴 글이기에 여러분과 공유하고자 해서 소개해 드립니다.

"근무지의 2007년도 정기총회를 마쳤다. 단 30여 분 만에 일사천리로 순조로운 분위기 속에서 사업 경과보고를 비롯하여 군더더기 안건들을 생략한 채 중요 부분만을 의견으로 다루어 좋은 결과를 얻어냈다. 항상 그렇지만 총회를 준비하고 마침으로써 가슴 속 깊이 다가오는 느낌이 있어서 기록으로 남겨 본다.

모든 행사가 그러듯이 준비과정이 복잡하고 많은 시간과 노력을 필요로 하다는 것이다. 그러나 그 행사가 파장을 알리고 모두가 돌아들 갈 때면 다소 허무해 지 때가 있다. 무슨 애착이 남아서도 아닐 텐데, 아마도 홀가분함이 더 큰 까닭일 것이다. 우리 삶도 이와 다르지 않다. 너무 복잡하게 많은 고뇌의 담을 쌓아놓고 힘들게 넘나들면서 자신과 주변인들의 마음에 상처를 안겨주거나 지극히 이기주의 습성에 젖어서 공동체적 의미와 가치를 잊어서는 안 될 것이다.

야기되는 문제 앞에서 서로 협력하고 이해하면서 혹은 분노를 유발하는 장애를 만나면 피해갈 줄 아는 지혜를 구하며 살아야 할 일이다. 애써 영웅심을 발동시켜 몸과 영혼을 힘들게 혹사시킬 이유가 없다. 한평생을 마치고 반 평 남짓한 무덤에 묻히면 그뿐인 것을, 한 줌의 재가 되어 허공에 뿌려지면 그뿐인 것을, 시간이 지나면 아무리 화려했던 흔적도 점차적으로 사람의 기억으로부터 사라지고 마는 것을, 아무것도 자신의 운명을 연장시켜 줄 능력을 소유하지 못하고 순순히 보내주거나 떠나야 할 것을, 돌아갈 때는 자신의 성과물 중 어느 한 가지도 지니고 가지 못하는 것을……

처음의 선상에서 출발하여 끝을 향해 일정 거리를 유지하면서 달려왔다. 끝자락에 이르기까지 각기 서로의 거리를 남겨두고는 있지만, 공통으로 알아야 할 것은 겸허하게 행하며, 자신에게 남겨진 시간을 규모 있게 잘 관리 해 사용해야 한다."

셋째로는 중년의 영혼과 정신을 위한 쉼터의 필요성입니다

이 시대가 고된 것은 분명한 사실입니다. 때로는 몹시 외로움에 잠 못 들고 밤을 지새워야 할 때도 있습니다. 누구 하나 진심이라며 마음을 주기를 부담스러워하는 듯한 분위기와 인상이 지배적인 것 또한 슬픈 시선으로 맞이해야 하는 그런 시대에서 우리는 서로의 의미를 묻는 것조차 인색한 삶을 살고 있습니다. 그 중심을 가르는 것은 분명 천민자본주의의 결과물인 물질추구와 물량주의가 가져오는 무작정 성공주의의 결과 때문임을 부정할 사람들은 그렇게 많지가 않을 것입니다. 그래서일까요. 미국의 사회학자 리스먼이 자주 읊조리고 사용했던 말로서의 "군중 속의 고독이"란 말이 실감 나게 가슴에 새겨지는 시대의 중심을 힘겨운 몸짓으로 통행하고 있다고 봅니다.

이런 시대일수록 우리는 스스로가 영적인, 혹은 정신적인 쉼터로서의 자기 안식처를 마련하거나 찾아야 한다고 봅니다. 그래야만 평안을 잃지 않고 자기 삶을 잘 살아드릴 수 있다고 믿기 때문입니다. 내가 나를 사랑하고, 내가 나를 칭찬하고, 내가 나를 지켜내지 못한다면 그 누구도 나를 사랑하거나 칭찬하거나 지켜 주지를 않는 것이 바로 이 시대의 현상이기 때문입니다. 그때 그날 틈틈이 훈련으로 자신의 내공을 쌓지 않으면 어려움은 급속도로 찾아와 우리 자신을 괴롭히고 뒤흔들어 놓는다는 사실을 잊지 않으시기를 바랍니다. 우리는 나 하나의 삶이 아니고 가족이 있고 이웃이 있고 민족 공동체요 인류라는 공동체의 일원으로서 존재하기 때문입니다.

한 살이라도 더 젊었을 때 찾아오는 스트레스와 고뇌, 아픔과 슬픔, 배신 등은 나름대로 취미나 각종 특기 활동, 여가를 잘 활용하는 것 등을 통하여 극복한다고 하겠으나, 나이가 들면 이 또한 어려워지기 마련입니다. 특히 맹목적인 생계의 수단으로서만 의미를 부여하면서 직장생활에 몰입한다면 아마도 나이가 들어서 기력이 쇠하여지고, 동료들이 하나둘 곁을 떠나고, 가족들 역시 그와 같은 모습으로 사라져 간다면, 견딜 수 없는 비통한 세월을 맞고 보내야만 할 것입니다.

누구에게나 예외 없이 공평한 시간이 주어져 있습니다. 다만 이 시간을 효율적으로 잘 살아내느냐에 따라서 그들의 생애는 행복과 불행으로 나누어지기 마련입니다. 오늘날 정치인들의 무의미론적 카리스마가 두 동강 낸 이분법적 이데올로기로 인한 고통보다도 몇십 배나 더 크고 놀라운 사회적 분위기에 비통한 세월을 보내야만 될지도 모릅니다. 그래서 우리는 자기 훈련을 철저하게 해야 합니다.

직장인들은 매일 규칙적으로 스스로 일상을 점검하여 체크리스트를 작성함은 물론, 거울 앞에 자신을 세워 두고 이미지를 점검하는 훈련을 해야 하며, 잦은 사유와 더불어 인문학 독서를 통하여 인간의 가치와 시대를 진단하는 예지력과 분별력을 길러야 합니다.

앞선 모든 특성을 만들어내고 돕는 것이 운동이어도 좋고 독서 클럽에서의 자유로운 토론이어도 좋으며, 여행이나 커피숍에서 커피잔 하나 놓고 한가롭게 자신을 돌아보는 습관이어도 좋습니다. 무엇인가 자신의 내면을 반추할만한 동기부여를 꾸준히 만들어 자신을 가꾸어가는 삶을 스스로 선행하지 않으면 그의 삶은 고인 물로써 썩게 됨은 자명한 일이 되고 말 것입니다.

CF. 2.

중년들이 겪고 있는 위기에 대하여

1997년 11월 이후 금융위기(IMF) 이후 대한민국에는 평생직장이란 개념어가 자취를 감추고 말았습니다. 이로 인하여 경쟁 구도가 자연스럽게 한반도를 휩쓸고 지나가는가 싶더니 이내 밀려 들어왔습니다. 동료와 후배가 그리고 선배가 남(男)과 여(女) 모두가 서로의 경쟁자로 돌변하게 되었으며, 이런 경쟁 분위기는 이기적 산물(개인적 이기주의와 집단적 이기주의)을 사회 곳곳에 이식시켜 놓고야 말았습니다.

이뿐만 아니라 인간관계를 빛내던 신뢰가 불신으로 둔갑을 하여 사회를 어둡게 만들었으며, 그 중심을 걸어가는 사람들을 불안에 떨게 만들어 놓았습니다. 이로 인한 결과물인지는 모르지만 예기치 않은 질병들이 사람들 신체와 정신을 어렵게 만들고 있는 것도 사실입니다.

적령기에 이른 젊은이들이 결혼을 미루거나 아예 독신으로 살겠다거나, 계약 결혼 혹은 한 번 살아보고 결혼을 하겠다는 등 나름대로 계획을 세우고 여행 등 즐기기에 여념이 없는 문화의 패턴도 바꾸어 놓았습니다. 이로 인한 국가경쟁력에도 빨간불이 점등되어 걱정이 앞서기도 합니다. 그럼에도 불구하고 중년들은 아직 왕성한 에너지를 지녔습니다. 그러나 이 에너지가 언제까지 동력으로서 사회와 국가를 지탱해 나갈지 장담하는 사람은 단 한 사람도 없습니다. 이것이 문제입니다. 이것을 들어 중년의 위기라고 합니다.

짐 콘웨이는 『중년의 위기』(디모데)에서 시대 중심을 횡단하는 중년들을 일컬어 〈고장난 심리적 세계〉라고 칭하고 있습니다. 예컨대 청년들은 과거를 무시하고 미래만을 내다보는 편이라고 합니다. 반면 노인들은 뒤를 돌아보면서 살아가는 사람들이라고 합니다. 그렇다면 중년 남성들은 현재에 가장 관심을 두기 마련이라고 합니다. 미래를 보면 부지중에 다가오는 노령과 죽음의 불가피성밖에 보지 못한다고 합니다. 동시에 그들은 직장, 생산성, 미래, 영향력, 목숨을 잃는 것에 대하여 두려워한다고 합니다. 과거를 보면서 이루지 못한 목표와 꿈의 긴 목록밖에 보이지 않는다고 합니다. 그래서 겁에 질리다시피 필사적으로 현재에 살려고 합니다. 그러나 짐 콘웨이는 문제가 있음을 지적합니다.

중년 그들은 과거의 실패와 미래의 두려움에 너무 집착하여 현재를 즐길 수 없을 때가 많다는 것입니다. 자기 아내와 자녀들, 가정, 일, 주변 세상의 것들을 누리지 못한다고 합니다. 중년의 위기를 무사히 통과하기 위해서 남성이 부딪쳐야 할 커다란 관심사는 직장이라고 합니다. 정서적으로 가장 중요한 부분은 결혼과 섹스이지만 시간을 더 많이 잡아먹는 곳은 직장 문제 즉 일인 것입니다.

중년 남성은 직장의 위기를 피할 수는 없는 일입니다. 이것이 현실입니다. 그렇다면 그 위기를 어떻게 극복할 수 있느냐의 노력이 우리의 삶을 결정짓게 된다는 것은 불을 보듯 자명한 일입니다. 극복하기 위해서는 최소한 몇 가지의 사항에 대해서 우리는 뿌리는 내리고 잎과 꽃과 열매를 맺기 위해서 노력을 해야 합니다.

첫째로는 '중년 전략'의 수립을 위하여 애써야 합니다

많은 사람이 현재적 삶이 고통스럽다고 해서 손 떼고 조기 은퇴하려고 합니다. 조기 은퇴하는 것은 장기적인 해답이 되지 못합니다.

조기 은퇴는 자유와 해방이 아닌 "생계 수단도 되면서 내가 사회에 기여하고 싶은 일이 무엇인가?"라는 불가피한 질문을 지

연시킬 뿐입니다.

이에 대응하기 위해서 중년의 시기에 맞닥뜨리는 현실을 바로 보고 행동해야 할 것입니다. 탄력 잃은 고무줄로서의 중년기를 생각해 봅시다. 즉 일의 책임이 커질수록 회사의 성공에 대한 기여는 물론 자신의 개인적 성공에 대한 압박감도 커진다는 것입니다. 40대 중반을 넘어선 사람들은 능력 이상의 일에 시달리게 됩니다.

그뿐만 아니라 남성은 달아나거나 피하거나 자기 연민에 빠지거나 분노나 냉소로 반응하려는 유혹을 물리쳐야 합니다. 기본으로 돌아가야 합니다. 일이란 무엇인가? 본래 우리가 일하는 이유는 무엇 때문인가? 라는 몇몇 사항의 질문에 스스로 성실한 답변을 내리는 삶을 살아야만 합니다. 프로이트는 "사랑과 일은 모든 인간의 욕구"라고 말했습니다. "여기서 만족을 얻지 못하는 인간은 성숙에 이르지 못한다."라고 합니다. 또한, 토마스 칼라일은 "자기 일을 찾은 사람은 복이 있다"라고 말했습니다. 이외에도 자신의 가치를 입증하려고 전보다 더 열심히 일에 매달립니다. 이는 일 중독에 스스로 빠져들게 하는 결과를 낳기도 합니다. 이 시대를 살아가는 중년들은 자신의 의지와 관계없이 일 중독에 빠져들고 있음을 보게 됩니다. 이는 우리가 하루빨리 지양해야 할 중독 탈출극입니다. 이를 위해서 우리는 충분히 중년의 전략에 대해서 생각을 해야만 합니다.

로이드 리브는 『중년의 전략』(생명의 말씀사)에서 중년에게 약속된 가능성을 충분히 발견해 내기 위해서 노력해 달라고 주문을 하고 있습니다. 이는 전장에서 충분히 이야기해 드린 바와 일치한다고 할 수 있겠습니다. 단순히 꿈꾸기에서 꿈을 만들어 실현시켜 달라는 말입니다.

다케무라 겐이치는 『마흔혁명』(넥석스books)에서 마흔 혁명을 성취하기 위해서는 몇 가지의 주문에 잘 응답해야 한다고 합니다. 그중 하나는 자신의 꿈과 낭만에도 도전하라고 합니다. 둘은 상식이라는 틀에서 벗어나려고 노력해야 한다고 합니다. 셋은 나만의 무기를 만들라고 주문합니다. 넷은 벽이 있다고 생각하지 말라고 합니다. 다섯은 행복한 마음을 만들라고 합니다. 여섯은 '도전의 길에는 나이가 없다고 외쳐라.'라고 주문을 합니다. 마지막 일곱은 인생을 빛내 감동을 저축하라고 주문을 하고 있습니다.

우리는 중년의 위기감 앞에서 스스로가 KO패 당할 것인가? 아니면 다시 보지 못한 명승부를 연출한 역대 복서인 홍수환처럼 4전 5기의 KO 승을 거둘 것인가?

그 결과는 순전히 중년기라는 긴 터널을 통과해야 할 우리 모두에게 달려 있음을 정확하게 인정하고 나가야 합니다. 그 용기는 자신을 발견하고 동시에 자기다움을 위해서 새롭게 창조하여 자기 것 화하는 노력 해야 한다고 믿습니다. 그래야만 위기(危機)를 호기(豪氣)로 바꿔놓을 수 있기 때문입니다. 이는 자기 성찰이요, 자기 자신과 주변을 아름답게 그리고 의미와 가치 있게 만들기 위해서 끊임없이 공부하고 훈련을 거듭해야만 가능하다는 것을 잊지 마시기를 부탁드립니다.

둘째로는 중년기에 찾아오는 불청객을 대항할 능력을 키워야만 합니다

우리의 삶은 특히 이 시대를 살아가는 우리 모두 스트레스와 불안과 공존할 수밖에 없습니다. 누구도 스트레스를 멀리하고 살아가거나 스트레스를 받지 않고 살아가는 사람들은 없습니다. 특히 중년기에 찾아오는 스트레스는 분명 불청객임이 틀림없습니다. 인생을 마감하고 천국 가는 그날까지 동거해야 할 분명히 미운 오리 새끼임이 틀림없습니다. 자신의 가치관과 대립되는 인간관계, 직장(업)에서의 퇴출 위기와 이웃하는 민원인들과의 갈등 그리고 연봉과 진급 여부, 정치와 사회를 보는 관점의 차이와 갈등에 대한 불안 요소 만들기, 서로의 경쟁 관계로 인한 미움, 시기, 질투, 일정한 실적을 올려야 하는 성과 위주에 걸려 넘어지게 하는 온갖 불안 요소들과 원치 않게 찾아오는 자신의 정신적, 육체적 질환과 질병, 그리고 가족의 죽음이나 뜻하지 않은 불행한 일상들 모두가 불청객임이 틀림없습니다.

문제는 무엇입니까? 시도 때도 없이 찾아오는 이 불청객과 한판 치르게 될 전쟁에서 이겨야 할 무기와 전략을 모색해야만 한다는 것입니다. 싸울 준비를 해야 한다는 말로 들으셔야 합니다. 무방비 상태에서 이 불청객과 싸워서 결코 승리할 수는 없는 일입니다.

지금까지 말씀을 드려 온 것이 사실입니다만, 이 모든 전략과 무기는 단기간 내에 구축되거나 생성되는 것이 아닙니다. 오랜 시간을 두고 마련되어야만 불청객을 대항하여 승리할 수 있게 하는 전략이 되고 강한 무기가 된다는 사실을 기억하시기 바랍니다.

그 첫 번째는 저마다 지녀야 할 신앙생활에 대한 결단이고 선택이고 집중이고 확신에 이르러야 합니다. 신앙의 겉모습만 보고 판단하여 그 거룩한 생활에서 이탈자 되어서는 안 됩니다. 두 번째로는 독서라고 말해 둔 적이 있습니다. 가능하다면 독서뿐 아니라 후기를 기록으로 남겨 오래도록 기억 속에 담아두고 분석하는 통찰력을 키우는 데 도움 삼기를 바랍니다. 세 번째는 세월의 순리에 순응할 줄 아는 부드러움과 신축성 있는 여유를 지녀야 합니다. 그 누구든 세월의 순리를 거슬러 올라갈 수는 없기 때문입니다. 네 번째로는 모든 일에 조급증을 내지 말고 신중하게 기하되 여유로운 마음으로 천천히 맡은 바 일에 임해 달라고 부탁을 드립니다. 다섯 번째로는 소진된 영적, 육체적 에너지를 공급할 시간과 동기를 위해서 여행이든, 사유의 뜰을 거닐든, 깊은 단잠이든 영화, 연극, 운동하든지 특징 있는 자기만의 시간을 가져달라고 부탁을 드리고 싶습니다. 이 모든 것이 여러분을 향해 불시적으로 찾아오는 불청객을 대항하여 이기는 비결입니다.

셋째로는 중년의 능동적 태도로서의 자기 위로하기입니다

중년은 실로 부담을 많이 지고 살아가는 시대임이 틀림없습니다. 만나는 사람들도 그 유형이 가지각색이고, 다양한 환경에서 다양한 영향력을 받고 성장한 사람들이기 때문입니다.

낯선 환경에 지배를 받지 않을 수 없는 것이 사실입니다. 사회란 무풍지대에서 그들의 환경의 영향력과 견제를 동시에 하면서 살아가야 하는 것이 중년기에 맞이하는 불안 요소이기도 합니다.

자기 소리는 물론 자기 정체성이 무엇인지 배우기 전에 세월의 젊음은 떠나고 가장으로서의 짊을 잔뜩 짊어지고 힘겹게 여로에 선 낯선 한 남성이기도 합니다. 그가 바로 중년입니다. 또한, 중년은 선배와 후배, 선친과 자녀들 틈새에 놓인 인생이며 사회적 지위로 보아도 중간 지대에 놓인 자칫 잘못하면 회색 인간이 되기에 딱 어울리는 세대임이 틀림없습니다.

그러나 중년에게는 분명한 중요 역할이 놓여 있습니다. 중년은 과거와 미래의 중간기인 현실에 그 누구보다도 충실해야 할 대상입니다. 미래를 향한 소망으로 인해 현실을 가장 탄력적으로 그리고 역동적으로 기대해야 할 위치의 사람들입니다. 이러한 모든 동기부여가 대단한 에너지를 분출시킬 수도 있다는 점에서 무궁무진 인생의 실적을 기대해 봄직도 합니다.

분명한 것은 중년의 위기를 맞는 사람들은 충분히 자기 위로를 경험하고 인정해야만 합니다. 그러기 위해서는 지나치게 서둘러서는 안 됩니다. 현실적인 물질세계에 너무 집착하지 않기를 바랍니다. 그 세계를 향한 집착은 화(禍)를 불러올 무서운 핵의 진원지가 되어 여러분을 두려움과 공포와 무기력함이란 영혼의 생화학 감염자로 만들어 버릴 수 있기 때문입니다.

바라기는 건전한 문화 지대로의 출입을 자유자재로 하시기를 부탁드립니다. 그래야만 긍정적이고 궁극적인 자아와의 소통이 이루어질 것이며 긍정적 에너지를 공급받을 수 있기 때문입니다. 그리고 모든 신세계의 풍물을 대할 때, 게을리하지 마시고 부지런을 내며 성실하게 맞이하시기를 바랍니다. 이 모든 것들로부터 큰 위로를 받으실 수 있을 것입니다.

CF. 3.

아직 끝나지 않은 여행을 위하여

무슨 일이든지 새롭게 시작한다는 것은 부담스러운 동시에 즐거운 것입니다. 물론 자기 개발 전문가들은 익숙한 것으로부터 결별을 선언해야 비로소 자기발전을 향하여 한 발 더 내딛는 결과를 초래한다고 그 방법을 주문하기도 하지만, 결코 쉬운 일은 아닙니다. 그렇다고 익숙한 공간과 사람들과 일에만 안주하고 살아간다면 분명코 발전은 더디 오거나 오지 않을 수도 있습니다. 이는 단순히 발전에 저해하는 것만이 아닌 퇴보나 무의미를 상징한다고도 할 수 있습니다. 그래서 우리는 새로운 것을 찾아서 길을 나서야 하는 것이 맞습니다.

제가 이 글을 쓰는 이유도 여기에 있습니다. 지금까지 30년 빌딩 매니저로 살아오면서 많은 것을 보고 듣고 직면하여 갖은 상처를 통하여 터득한 것이 분명 있습니다. 그것은 단순 생존게임에서의 독식을 의미하거나 목표 삼은 것이 아닌 삶의 일종이라는 점에서 사람과 주거공간과 삶의 의미에 대해서 충분히 의미를 낳게 되었다는 점에서 그것을 축약하면 그것이 인생인 입니다. 참 잘 살아왔다고, 행복했다고 고백하는 참된 인생입니다.

인생을 이야기하는 것은 누구나 다 통용되는 공통된 역사이고 사실입니다. 건강한 인생을 위해서는 그 어떤 의미의 발언을 해도 긍정적으로 받아들여야 한다고 봅니다. 그만큼 참된 삶을 살아가겠다는 의도로 받아들여지기 때문입니다. 동시에 가치 있는 공동체를 원한다는 희망찬 움직임이라고 생각되기 때문입니다.

그러기 위해서는 누구나 이 부분에 끊임없이 말 걸기를 시도해야 하고, 그 말을 귀담아 청종해야 하는 것이 타당하다고 생각합니다. 그렇지 않는다면 끊임없이 갈등에 휩싸여 그 공동체는 균열에 이어 깨지고 말기 때문입니다. 오늘날도 이 같은 사고가 곳곳에서 여과 없이 자행되고, 그 결과는 사람의 목숨을 해하거나 재산상 침해의 요인으로까지 작용해 법정 공방으로까지 확대되게 될 우려를 낳게 됩니다.

이 시대는 너무나도 많이 급속도로 발전해 온 것이 사실입니다. 이미 도심지라는 문명의 터전은 놀랍도록 새로운 지형의 변형으로까지 탈바꿈을 시도하고 말았습니다. 별을 볼 수 없는 도시는 편리함보다는 인간의 꿈과 안식을 모두 볼모로 잡아 문명의 아가리에 처넣고 말았습니다.

읍, 면 단위 아닌 동(리) 단위의 삶의 공간을 볼 때도 여백을 드리운 안식 공간은 찾아볼 수 없을 만큼 온통 도시유형 공간으로 바뀌고 말았습니다. 집집마다, 빌딩마다 시건장치가 완벽하여 그 안에 갇혀 살아가는 것을 낙으로 삼거나, 부의 상징처럼 여기면서 살아가고 있는 무심(無心), 무능(無能)의 삶의 형태로 둔갑을 해버리고 말았습니다. 어떤 위험한 일이 발생해도 이웃의 개념은 모두 사라져 도움의 손길을 받을 수 없을 만큼 철저하게 개인주의 사회가 도래하고 말았습니다. 이미 말씀드린 바와 같이 이러한 폐쇄적인 주거공간과 업무 환경으로서의 공간이 제일주의가 된 현대인들은 타인에게 침해를 받으려고도 하지 않고 침해를 하지 않으려는 양상이 지배적입니다. 자칫 이러한 현상은 침해가 아닌 관심 표명의 부재로 이어서 그 순수가치까지도 모두 빼앗아 버리는 선의 피해까지 드러낸다는 점에서 필요의 악이 아닌 절대적 악한 기능을 불러오는 계기가 된다는 점에서 우려가 되는 것입니다.

그로부터 오는 가장 배척해야 할 행위가 바로 갑질 논란입니다. 이미 도심지라는 사회구조는 빌딩과 아파트를 생각하지 않을 수 없을 만큼 도처에 숨 막힐 정도의 고층빌딩들이 산적해 있습니다. 그 안에서 일어나는 온갖 사건 사고에 관심 표명이 따라야 함이 맞는다고 봅니다.

아무래도 고층빌딩이니만큼 많은 수의 사람들이 운집하여 공동체를 이루고 살고 있다는 점과 그 영역 안에서 일어나는 업무와 각종 행위 편린들이 삶의 중심을 장악하는 가치 있는 일을 향한 성과와 직결된다는 점에서 충분히 관심을 가져야 한다는 것이 저의 생각이고 의지입니다. 이 공간에서 일어나는 일로부터 시작하여 도심지 공간에서 일어나는 모든 일을 향한 새로운 방법과 세계적 지도를 그려야 할 목적의 새로움을 향한 여정의 첫걸음을 내디뎌야 하겠기에 이같이 말 걸기를 시도하고 있는 것입니다. 그러기 위해서 내디딘 첫발이니만큼 우리 모두 지대한 관심을 표명해야 하는 것이 맞는다고 봅니다. 아직 우리의 여정은 끝나지 않았다는 것을 말씀드리고자 함입니다.

건강한 지적, 육체적, 영혼적 행보를 잘 준비하고 길을 나서야 합니다. 각자에게 맡겨진 혹은 남은 인생 여한은 알 수가 없다고 하지만, 그날까지 이 행보는 쉼이 없어야 함이 맞는 것입니다. 힘을 내시고 고군분투 저력을 보여주시기 바랍니다.

CF. 4.

우리의 인생 여정은 아직도 유효합니다

우리는 일정 학습의 과정이 끝나면 예외 없이 일해야 합니다. 저마다 적성에 맞는 직업전선을 찾아서 사회로 나가게 되어 있습니다. 그런데 그 직장생활에서 느끼고 얻고 잃는 결과물에 따라서 행복과 불행 그리고 삶과 죽음, 포용과 배척, 이해와 오해, 사랑과 증오, 만남과 이별 등 인간들을 중심으로 벌어진 갖가지 현상들이 문제성을 낳아 진단과 처방이 필요로 한다는데 우리의 관심이 조명되는 것이기도 합니다.

어떤 일이냐에 따라서 그것이 발전이란 또 다른 결과물을 드리울 수도 있겠지만, 달리 고통으로도 이어질 수 있습니다. 부담이 심하게 가중되면 본인의 의사와 관계없이 그 고통으로부터 헤어 나오지 못하여 심리적으로 고뇌와 괴롭힘을 당하게 됩니다. 이것을 일컬어 강박성 스트레스라고 말하기도 합니다.

이 모든 신경 증세는 좋은 성과보다는 그렇지 못한 성과를 낳게 되고, 그 성과를 놓고 진단을 할 때 높은 점수보다는 낮은 점수를 받을 수밖에 없고, 심각하게는 사회로부터 격리시켜 입원 치료를 받을 수밖에 없는 지경에 이를 수도 있습니다.

M. 스캇펙 박사는 저서『아직도 가야 할 길, 끝나지 않은 여행』(율리시즈)에서 신경증 이를 두고 '신경증적인 고통'과 '존재론적 고통' 등 두 가지로 분류하고 생각하고 있습니다.

신경증적인 고통은 두통이나 치통, 생리통 등 신체의 일부를 자극시키며 다가오는 고통을 말합니다. 그렇지만 존재론적 고통이란 인생을 두고 전이 되는 각종 현상으로 나약한 정신세계로 인하여 발병되는 현상이기도 합니다. 이를테면 죄와 멀리해야 한다는 것, 죄책에 사로잡힐 일을 하지 말아야 한다는 것, 자신의 본분에서 벗어나지 말아야 한다는 것, 배운 것만큼 일정한 수준의 성장이 기대되어야 하는데 그만큼 기대에 못 미치는 것, 자신의 치명적인 실수로 사랑하는 사람을 잃게 됨으로써 자신의 성격이나 미숙한 행위를 끌어안고 고뇌하는 것 등의 갖가지 성향으로부터 고통을 당하는 것을 말합니다.

그런 면에서 볼 때, 이 글은 후자의 성향으로써의 '존재론적 고통'을 극복하는 비결을 찾아내는 방법론적 시도라고 할 수 있습니다.

도시화 된 사회에서 직면한 여러 가지 문제성의 고통으로부터 우리가 자유를 발견하고, 그 영역 안에서 행복해야겠기에 힘을 합치자는 것이고, 그 대안으로서의 사회구조를 변혁하고자 하는 것이 이 책의 또 다른 목적이기도 합니다.

그러니까 역설이기는 하나 즐거운 고통, 존재론적 고통으로부터 우리는 서로를 보호하고 도와주는 조력자의 자세를 취해야만 비로소 건강한 사회가 되는 것임을 잊지 않으시기를 바랍니다.

누군가를 위해서 긍정적 좋은 말을 할 수 있다는 것, 누군가를 위해서 작은 물건 하나, 따스한 온기를 담아 마음을 전할 수 있다는 것, 누군가를 위해서 따스한 미소 한 모금 건넬 수 있다는 것, 누군가를 위해서 손을 내밀 수 있다는 것, 따스한 차 한 잔의 여유를 가지고 상대를 초대해 놓고 대화를 시도하는 등 상호 보완적인 삶을 공유하게 될 때, 그들을 대신하여 용기 있는 발언을 할 때, 존재론적 고통에 직면한 사람들을 치유할 수 있는 기능으로 효과를 볼 수 있게 되는 것입니다. 이러한 내면적인 여행을 우리는 시작해야 합니다.

지그문트 프로이트는 심리치료를 지칭하면서 정신을 치료하는 행위로서의 목적은 무의식을 의식으로 만드는 것, 즉 의식을 증가시키는 것이라고 말하면서 치유와 의식과의 관계를 인정하고 있습니다. 무의식을 표면으로 드러낼 때 치유는 가능한 것이고, 그 드러냄은 자기를 알리고 도움을 요청하는 신음을 부끄러워하지 않아야 한다는 것입니다.

반면에 구스타프 융은 악이란 우리가 부인하고 싶은 인격의 부분이며, 우리가 생각이나 의식하지 않으려고 하며, 지속적으로 의식이라는 덮개 아래 숨겨두고 무의식을 지킴으로써 우리 자신의 그림자를 대면하지 않으려고 해서 생긴다고 설명하고 있습니다. 융이 인간을 악한 그림자 자체에서가 아니라 그림자와 맞닥뜨리는 것을 거부함으로써 생긴다고 설명한 것에 귀 기울여야 합니다. 여기서 거부란 말은 매우 적극적인 용어입니다. 악한 사람들은 소극적인 의미에서 비정하거나 무지한 사람들이 아닙니다. 이 사람들은 무지함이나 비정함에서 한층 더 나아갑니다. 그렇게 하려면 살인을 하거나 전쟁을 시작합니다. 오늘날 전쟁을 일삼거나 대거 살인을 주도하는 사이코패스 군이 바로 이에 해당합니다.

이와 같이 이 시대를 살아가는 우리는 의식, 무의식 세계를 잘 다루어야 할 영적인 부분에 직면하게 됩니다. 이를 통제하지 못할 때 자신은 허물어지고, 자신과 우리 모두를 병들게 한다는 것을 잊지 마시기를 부탁드립니다. 이 시대가 주장하고 고수하고 있는 것이 바로 이 '거부하는 인간'을 양산하는 것에 있음을 기억하시기 바랍니다.

우리의 인생 여정은 바로 이러한 사람들을 만나 밝은 의식의 세계로 그들을 드러내는 일입니다.

그들과 함께 소망을 이야기하고, 참된 삶을 대면하고 행진하자며 우리의 따스한 손을 내밀어 동행을 이루어야만 합니다. 개인주의가 아닌 공동체적 마인드를 가지고 어둠이 아닌 밝은 지대로 나가자고 권면하는 슬로건을 손목과 목에 걸고 나서야만 하는 것입니다. 나 하나만의 행복이 아닌 서로의 행복을 힘차게

외쳐 불러야만 합니다. 그러기 위해서는 아래의 몇 가지의 항목을 이해해야 합니다.

첫째로는 아름다운 출발선 인식의 중요성입니다

시작은 참으로 행복한 설렘의 시간이 아닐 수 없습니다. 조금의 부담은 있을 수 있겠으나 그래도 여전히 설레는 순간임이 틀림없습니다. 그러나 인생이 이처럼 아름답고 늘 설렘이 감정적 즐거움만 준다면 얼마나 좋겠습니까.

인생은 긴 여행입니다. 이 글을 쓰고 있는 동안도 영혼을 가로질러 유혹하는 많은 일이 한순간도 자유롭게 놔두지 않는다는 것을 잊지 못합니다. 이 모든 것이 직장과 연관되었다는 점에서 우리는 생계를 우려하지 않을 수 없는 것이 사실입니다. 그럴지라도 그곳에 매여 살다 보면 너무 소중한 많은 것들을 잃게 된다는 점에서 불행을 맞이하게 됩니다.

여기서 출발 선상이라 하면 건강한 가치관, 인생관을 지닌 마음가짐이 중요하다고 할 수 있습니다. 어떤 삶을 살 것인가? 인간관계는 어떻게 할 것인가? 사물과 시대는 어떤 의식을 가지고 바라다 볼 것인가? 무엇보다도 가치관, 인생관 등 관의 정립이 중요합니다. 이러한 사유의 과정이 없이 그냥 살아간다는 것은 맹목적일 수밖에 없습니다. 이런 무가치한 사관으로 일관한다면, 살다가 문제나 역경에 봉착하게 되면 몹시 흔들리고 바로 넘어질 수밖에 없는 것입니다. 어떤 사람들은 영원히 일어서지도 못하다가 이내 삶을 접을 수밖에 없는 지경에 이른 사람도 적지 않게 만나곤 합니다.

우리는 자기의 잠자는 아직 열리지 않은 뇌를 깨워야 합니다. 그 뇌로 하여금 일하게 최상의 상태를 유지하게 준비시켜 놓아야 합니다. 그래야만 자신의 삶을 통해서 가치 의미를 부여하고, 아름답고, 멋있고 행복한 삶을 살았다고 스스로 자평하게 되는 것입니다. 그 사람이 멋있는 사람이며 행복한 사람입니다. 단순히 문명화된 그 무엇으로 그 사람을 평가하려고 든다면, 그 역시 심각한 영적, 정신적, 인적 문제를 낳게 된다는 것을 기억하시기 바랍니다. 저는 저의 뇌를 다음과 같이 만들어 놓았습니다. 그 뇌로 인하여 오늘의 내 삶을 리드할 수 있도록 만들어 놓았다고 고백하는 것입니다.

저는 이와 같은 과정을 고등학교 2학년 시절 이미 경험한 바 있습니다. 공업고등학교에 진학하여 적성검사에 맞게 공업고등학교 수업을 잘 소화 시켰으며, 학과목도 올 백 점을 맞을 정도로 수월하게 학교생활을 하고 있었습니다. 모범생으로 인정받아 1학년 시절은 학도호국단 학급장이 되기도 했습니다. 그러던 어느 날 이렇게 제 삶을 시작할 수 없다고 생각하여 비전을 제시하고 자퇴 원서를 제출하고, 검정고시 학원에 진학하게 되었습니다. 낮에는 알바 개념의 직장생활을 하여 학원비를 벌면서 공부를 하기 시작했습니다.

당시 연령대의 직업 유형을 분석하면서 나의 직업이 어디가 맞는지를 10년 단위로 분석해 보았습니다. 40대, 50대, 60대 그리고 70대까지 삶의 유형까지 분석한 결과 목회자가 되겠다고 생각하고 신학교에 진학하게 되었습니다. 그로 인해서 신앙관이 정립되긴 하였지만, 여타 사정으로 인해 신학교를 졸업하고 그 길을 접어야만 했습니다. 나름 직장을 잡게 되었고, 문학과 관련된 공부를 시작하여 대학원에서는 비교문학문화를 전공하면서 지금의 길인 문학인의 인생을 살게 된 것입니다. 참으로 선택이 옳았다고 생각합니다. 이것이 바로 나의 인생의 청사진을 제시하는 첫출발지점이라고 생각합니다.

오늘날도 빌딩 매니저로서와 문학인으로서 자신과 많은 사람에게 유익을 끼치며 동시에 건강한 개인과 사회, 민족을 위해서 제 한 생애에 열정을 불어넣어 줄 수 있다는 것은 바로 이 같은 뇌와의 공조가 있었기에 가능하며 동시에 출발점이 긍정적이며, 궁극적인 선상에서 출발한 까닭입니다. 늦었다고 생각하시는 분들이나 아직 자기 삶의 목표가 재설정되지 않았다고 생각하시는 분들이 있다면 지금이라도, 뇌와의 말 걸기 혹은 뇌와의 연합을 통해서 훈련하시기 바랍니다. 거저 되는 것은 하나도 없습니다.

그 거저 되는 것은 비용을 지급하지 않은 까닭에 여러분의 소유가 되지 못합니다. 여러분이 알지 못하는 순간 언제인지 모르게 여러분의 삶을 떠나게 될 것입니다. 왜, 그 뇌의 기능은 자기를 원하고, 자기를 성장시켜주는 주인을 찾아 떠나기 때문입니다. 우리의 뇌에 신선하고도 아름다운 그리고 가치 의미가 되는 인생관을 훈련 시켜 그 뇌로 하여금 몸을 움직여 자기 삶을 재창조해 갈 수 있도록 지금, 이 시간 동기부여를 제공해 주시기를 부탁드립니다.

둘째로는 자기 연단의 기회와 애씀을 위하여 노력하시기 바랍니다

세상에는 많은 고통과 슬픔과 아픔이 우리를 찾아와 귀찮게 하기도 하지만 종종 괴롭힙니다. 마치 시도 때도 없이 찾아와 치근덕거리는 이방인처럼 따라다니면서 삶을 불행의 늪으로 밀어 넣어 낭패를 당하게 합니다.

더욱이 개인주의, 이기주의화 되거나 모든 것이 폐쇄적인 상황으로 치닫게 하는 물량주의적 성공주의가 만연된 시대에서는 더욱 그 한 사람의 가치를 물질의 하나로써 즉 기계의 부품처럼 취급하고 있습니다. 이런 세상에서 인간의 가치, 인간이 서야 할 위치를 재정립시켜 주어야 할 그 무엇이나 리더를 필요로 합니다. 문제는 리더의 혹은 멘토들의 심각한 부재의 원인을 들 수 있습니다.

리더가 보이지 않는다는 것이 문제입니다. 요즘 정치인들의 집단이나 기득권화되거나 일정 사회적 위치에 올라있는 사람들의 사생활과 속을 들여다보거나, 그들에게 일을 맡기기 위해서 검증이란 현미경을 들여다볼 때 드러나는 부정적인 모습들을 우리를 실망시키고 남음이 있습니다.

그렇다면 우리의 진정한 리더는 먼 타국으로부터 수입해와야만 가능하다는 판단이 나오게 됩니다. 아니면 재창조라는 명목 아래 만들어야 하는데, 사람의 인성이 제대로 갖추어진 그 한 사람을 만든다는 것은 단시간 안에 될 수 없는 것입니다. AI(인공지능)를 만들어 낸 듯이 할 수 있는 것이 아님을 감안할 때, 당분간은 고통과 아픔을 그리고 치명적인 사회적인 병리 현상을 감당할 수밖에 없습니다. 교육의 심각성, 대인관계의 심각성, 토론의 심각성, 사람과 사물과 시대를 바라보는 의식의 건강성이 만들어지기까지 충분히 인내하면서 연단할 수 있는 그런 사회를 위해서 우리는 노력을 아끼지 않아야 합니다.

인정하고, 이해고, 분별력을 지니고, 용서하며, 옳고 그릇됨을 그리고 바른 사관을 지니기 위해서 저마다 노력하려는 자성(自省)에 귀를 기울여야 하며, 가슴을 찢는 삶을 솔선수범해야만 우리 사회는 그리고 우리의 삶은 건강성을 회복할 수 있습니다.

직장에 몸담고 있으면서, 가족 단위가 아닌 사회란 대단위 구성원 중 한 맴버가 되어 이 같은 연단을 잘 감당한다면 분명코 그 공동체로부터 귀감이 되어 발전이 이루어진다는 것을 기억해 주시기 바랍니다. 힘들다고 해서 피하거나 포기해서는 안 됩니다. 자신의 연단을 위해서 인문학적 정신과 독서, 사유, 관계성을 견고하게 만들어간다면 분명 사회는 밝아지고 이정표가 재설정된다는 것쯤은 기억해 주시기 바랍니다.

살다가 보면 우리가 원하지도 기대하지도 않았던 사건 사고들과 직면할 때가 종종 있습니다. 당사자인 내게 질병이 찾아오거나 가족 중 하나가 죽음을 맞거나 친구나 이웃하는 이들의 배신을 당하거나, 교통사고로 인해 물리적 신체적, 생명적 피해, 사업의 실패와 원치 않은 일로 직장을 떠나야 하는 일순간 일어나는 실업자의 신분으로의 낙후, 사랑하는 사람과의 결별이나 사별 앞에서 절망하는 일들, 자연재해로 인한 심각한 재산상 손해를 입거나, 윤리. 도덕 인간의 가치관에 위배 된 행실로 인해서 한 국가가 전쟁의 독 안에 갇혀 치명적인 인명피해와 정신적 고통을 느끼게 될 때도 있습니다.

분별력이 부족하여 일어나는 선택적 고통도 만만치 않은 것이 사실입니다. 이렇게 시도 때도 없이 우리를 찾아와 괴롭히는 것들이 많은 이 세상에서 우리에게 필수적으로 요구되는 것은 연단이요 그 연단을 잘 극복하여 단단 해 질 수 있는 인내력과 자기 테스트에 익숙한 삶을 터득하고 생활화하지 않으면 안 됩니다.

그래야만 우리의 영혼과 정신건강을 유지할 수 있으며, 일정 분량 주어진 자기 삶의 목표와 목적을 잘 이루어갈 힘이자 자생력을 기를 수 있음을 기억하시기 바랍니다.

셋째로는 자기 길을 찾아가는 의식의 등불 밝히기입니다

앞에서 저의 삶을 위한 청사진으로서의 삶의 이정표를 설정하는 방법과 시기에 잠깐 소개해 드린 적이 있습니다. 치밀하게 정리하고 걸어온 제 삶의 현주소를 볼 때, 결코, 쉽지 않은 일이 빈번하게 나를 찾아와 고통 중 슬프게 할 때가 많이 있습니다.

다만 조금 여유를 찾고, 극복할 수 있는 운동력을 소유했기에 치명적인 순간에 이르지 않을 뿐 여전히 힘에 겨운 삶을 살 수 밖에 없는 것이 삶입니다.

때로는 군중들 속에서 안위하려고 하는 사람들이 있다는 것을 자주 목격하곤 합니다. 이는 결코 자신을 깊게 위로할 안위를 제공해 준다고 보기보다는 망각 즉 쉬 잊게 하려는 의도가 다분하다고밖에 볼 수 없습니다. 자신의 삶을 단단하게 세워 두기 위해서는 가급적 홀로 있는 시간을 갖는 것도 큰 도움이 된다고 봅니다. 대부분 생각의 깊이는 홀로 있을 때 깊어진다는 사실도 기억해 주시기를 바랍니다. 여러 사람이 동행하다가 보면 생각이 분산되고, 희석되어 얇아지게 됩니다. 그 사유의 결실을 하고서는 이 시대를 거슬러 살아간다는 것은 여간 어려운 일이 아닙니다. 특히 시시비비, 자기 생각에 격식 없이 힘이 실리게 되는 경우가 많다 보니, 잦은 다툼이 일게 되어 성숙 된 대화와 긍정적 결론을 내지 못하고 결별의 수순을 밟는 경우가 흔한 것을 보면서 몹시도 안타까운 것이 현실입니다.

홀로 있음, 고독과 침묵으로부터의 초대라는 부제를 낸 안네마리 키더는 『홀로 있음』(청림출판)에서 '홀로 있음'에 대해서 다음과 같이 말하고 있습니다.

"혼자 있거나 타인과 멀리 떨어진 상태를 말한다. 그것은 신체적으로나 내면적으로 또는 군중 속에서 나 혼자 있을 때나 이뤄질 수 있는 개별성과 호젓함이라고 말한다. 이 말은 가치 있는 관계성을 가지고 살아가는 이들이 지속적이고도 건강한 인간관계를 위해 잠시 자신만의 쉼과 에너지 보충을 위해서 갖는 시간으로 받아들여야만 한다."

안네마리 키더는 공동체에 참여 하는 것과 공동체 밖으로 나오는 것을 통해 우리는 사회적 삶과 개인적 삶, 자신이 누구인지를 적극적인 활동으로 나타내는 것과 자신의 단점을 잠잠히 바라보는 것 사이를 오고 가게 될 것이라고 말하고 있습니다. 이는 인간관계의 건강한 상태에서의 가능성만을 내포한 것이라고 할 수 있습니다.

많은 사람이 생계에 필요한 수익과 인생의 가치 있는 복리를 위해서 직장을 선택하고 집중하면서 살아갑니다. 그러나 알고 계시다시피 요즘 직장생활은 평생직장이란 개념이 점점 더 사라지고 말았습니다. 그러다 보니 자연스럽게 경쟁력이 강화되어 모든 것이 경쟁 대상이요 각박한 환경이 연출되고 있는 것이 사실입니다. 마치 하루살이 인생인 양 치열하게만 살아가는 것이 지배적인 현상이기도 합니다. 인생의 참된 목적의식은 온데간데없고 생존게임이라는 현안만 해결하기 위해서 일 중독자들이 되어 가고 있는 것도 또한 부인할 수가 없는 현실이 되어 버렸습니다. 바라기는 조금 더 깊이 그리고 멀리 세상을 바라보고 살아가는 것을 권해 드리고 싶습니다. 남들이 하지 않은 일을 가볍고도 즐거운 마음으로 하실 수 있다면 큰 행복을 발견하게 될 수 있음을 말씀을 권해 드립니다. 아래의 시 한 편의 교훈을 생각하고 넘어갈 수 있었으면 해서 소개해 드립니다.

단풍 든 숲 속에 두 갈래 길이 있었습니다
몸이 하나니 두 길을 가지 못하는 것을
안타까워하며, 한참을 서서
낮은 수풀로 꺾여 내려가는 한쪽 길을
멀리 끝까지 바라다보았습니다

그리고 다른 길을 택했습니다, 똑같이 아름답고,
아마 더 걸어야 될 길이라 생각했지요
풀이 무성하고 발길을 부르는듯 했으니까요
그 길도 걷다 보면 지나간 자취가
두 길을 거의 같도록 하겠지만요

그날 아침 두 길은 똑같이 놓여 있었고
낙엽 위로는 아무런 발자국도 없었습니다
아, 나는 한쪽 길은 훗날을 위해 남겨 놓았습니다!
길이란 이어져 있어 계속 가야만 한다는 걸 알기에
다시 돌아올 수 없을 거라 여기면서요

오랜 세월이 지난 후 어디에선가
나는 한숨 지으며 이야기할 것입니다
숲 속에 두 갈래 길이 있었고, 나는
사람들이 적게 간 길을 택했다고
그리고 그것이 내 모든 것을 바꿔놓았다고

–로버트 프로스트의 시 〈가지 않은 길〉 전문

조금이라도 젊었을 때, 자신에게 맞는 그리고 원하는 길을 향하여 허리띠 졸라매고 달려 보시기를 원합니다. 조금은 고되고 앞이 보이지 않을 것으로 보이지만, 자신이 계획하고 살아갈 가치가 있다면, 설령 남들이 가지 않은 길이라도 등불을 밝히면서 당당히 걸어가는 것도 좋은 일이라고 생각합니다. 이것이 바로 자신의 삶을 개척하는 첫걸음이 될 것입니다. 건투를 빕니다. 그리고 그곳 끝자락에서 자신의 삶을 돌아보면서 희열과 감사에 벅차오르는 감격을 경험하시는 여러분의 그 환한 얼굴을 대면하고 싶습니다.

가다가 보면 직면하는 많은 슬프고 아프고 역겨운 현상으로서의 반갑지 않은 불청객을 만나게 됩니다. 그럴지라도 멈추거나 머물러 주저앉지 않기를 바랍니다. 조셉 M. 마셜은 『그래도 계속 가라』(조화로운 삶)에서 다음과 같이 절대적 공감과 용기를 주고 있습니다.

"살다가 보면 기쁜 일만큼이나 슬픈 일도 있고, 이길 때가 있으면 질 때도 있으며, 일어서는 것만큼이나 넘어지는 경우도 허다하단다. 어디 그뿐이겠는가? 배부를 때가 있으면 배고플 때도 있고, 좋은 일과 마찬가지로 나쁜 일도 일어나기 마련이야. 너를 절망에 빠뜨리려고 이 말을 하는 것이 아니라, 인생이란 양지쪽을 걷는가 하면, 때로는 음지쪽도 걸어야 하는 여행이라는 사실을 깨우쳐 주기 위해 이 말을 하는 거란다. 강인함이란 삶의 폭풍에 용감하게 맞서고, 실패가 무엇인가 알고, 슬픔과 고통을 느끼고, 비탄의 구렁텅이에 빠져 보고 나서야 얻을 수 있는 것이란다. 너는 폭풍 속에서도 일어서야 하고, 바람과 추위와 어둠에도 용감하게 맞서야 하지, 폭풍이 부는 것은 너를 쓰러뜨리기 위해서가 아니라, 사실은 네가 좀 강인해지도록 도와주기 위해서란다. 할아버지께서는 이렇게 말씀하시네. 계속해서 가거라."

CF. 5.

좀 더 천천히 그리고 느리게……

한국 사람들의 생활 중 고쳐야 할 문화 중의 하나가 '빨리빨리' 문화입니다. 저는 건설 되어진 빌딩 관리에 30년 이상 종사를 해오고 있습니다. 그러니까 중년의 삶을 이 직종에서 헌신해 왔다고 할 수 있습니다. 빌딩들이 하나같이 성급하게 건축된 까닭에 공정상에서 빚어지는 하자, 미시공, 오시공으로 인해 제2차적 피해를 본 경우를 흔하게 목격하게 됩니다.

이로 인한 하자소송 및 손배소송으로 신뢰성이 깨지고, 서로 간의 반감이 고조되는 현상도 잦게 경험하고 있습니다. 때로는 그 소송을 진행 시키고 돕는 당사자의 업무를 오랫동안 해 오기도 했습니다. 이 모든 것이 바로 '빨리빨리' 문화가 빚어낸 오류 인생입니다.

이 문제는 비단 대한민국 안에서의 건설 현장으로만 끝나는 것이 아니라 우리의 건설회사가 해외에 진출해서도 빈번하게 일어났던 옛 사례들을 잊지를 못하겠습니다. 나름 당사자로의 유럽이 감리를 정확하게 보기 때문에 그 하자가 덜 나올지 모르지만, 만약 그렇게 하지 않고 우리 측에만 맡긴다면 옛날이나 오늘날이나 하자는 여전히 존재할 수밖에 없을 것입니다.

건설 현장뿐 아니라 차량을 운전하다 보면 흔하게 맞닥뜨리는 것이 운전 습관입니다. 그 운전 습관에서도 이 문화적 현상을 목격하기란 어려운 것이 아닙니다. 또 주문형식으로 일정 물품을 공급받는 현장에서도 마찬가지의 경우가 일어나고 있음 또한, 부인할 수가 없습니다. 그 이면에는 자기 욕심, 기업 욕심, 크고 작은 이윤의 욕심이 작용한 탓입니다. 이는 우리가 우리 스스로 피곤하게 만들어 지치게 하고, 판단력을 잃게 하는 주범이 되고 있다는데 시급히 시정되어야 할 문화 중 하나입니다.

권준수 박사는 그의 저서 『나는 왜 나를 피곤하게 하는가?』((올림)에서 한국인의 현대병인 "강박증"에 대하여 다루어 왔습니다. 즉 그것은 무엇을 망각하고 놓칠 것을 두려워한 까닭과 누군가에 앞서 성취하고 싶은 호기심과 욕심이 불러온 '빨리빨리'란 조급한 마음으로부터 오는 분주함으로 인한 병이라고 지적하고 있습니다. 이 개념은 삶의 참된 가치와 의미를 잃고, 강박증을 낳게 되었는데, 그 병은 온통 사회를 극도의 경쟁체제 혹은 공리주의 대 자유지상주의란 체제로 인한 격한 갈등을 나은 계기가 되었다고 합니다.

이러한 병리 현상이 자본주의에 깊이 물든 사회일수록, 특히 한국인들은 유독 심하게 몸살을 앓고 있다고 합니다. 이 고질적인 병의 원인을 알면서도 치유책은 물론 전이 루트를 막아 보려고 전혀 애를 쓰지 않고 있는 현실을 나무라고 있습니다. 이 현상은 우리 자녀들의 교육 시스템으로 전이되어 악영향을 미치고 있는 것이 사실입니다. 사회가 온통 감시와 경쟁체제라는 두 괴물 논리에 속수무책 당하고만 있는 것입니다.

그렇다면 우리는 다음과 같은 멘토들의 말에 귀를 기울여 이와 같은 삶을 개선해나가만 됩니다.

첫째로는 조금만 더 느리게 생각하고 행동하자는 권고입니다

피에르 쌍소는 『느리게 산다는 것의 의미』(동문선)에서 말하기를

"현대인들은 머리 회전이나 동작이 느린 사람보다는 민첩하고 빠릿빠릿한 사람을 더 좋아한다. 후자들은 잽싼 손길로 식탁을 정리하면서도, 나지막하게 부탁하는 소리까지 금방 알아듣고는 재빠른 동작으로 상대방의 요구에 응해준다고 한다. 그뿐만 아니다. 속셈에서도 그들을 당할 자가 없다. 그러나 나는 내 길을 선택하기로 했다. 바로 느림이 존재하는 영역이다. 느림, 내게는 그것이 부드럽고 우아하고 배려 깊은 삶의 방식으로 보여진다."

문화 인류학자이며 환경운동가인 쓰지 신이치는 저서 『슬로 라이프』(디자인 하우스)의 가르침에는 귀를 기울여 볼 필요가 있다고 봅니다.

그는 규칙을 세워 두지 않는다고 합니다. 저자는 세상과 세태를 도무지 마음에 들지 않습니다. 사람들은 무엇인가에 쫓기듯 앞만 보며 정신없이 달려가고 있다고 했습니다. 그들은 때로 자신들이 지금 어디로 가는지조차 잊어버린 채, 숨 가쁘게 달려가고 있다고 지적합니다. 남들에게 뒤처질세라, 이대로 멈춰서면 끝장이라는 듯 말입니다. 보다 못한 그가 사람들에게 다음과 같이 권유하고 있습니다.

"우리 한 번 주위를 돌아보며 숨 한 번 크게 내쉬어 보고 이제는 좀 천천히 걸어보지 않으시렵니까."

둘째로는 마음의 속도를 조금만 더 늦추자입니다

자본시장으로서의 세상을 가만히 보면 지나치게 서두르고 있으므로 문제 더미에 깔려 신음하고 있는 사람들을 쉽게 만나게 됩니다. 무엇이 그렇게 서두르게 하는지 잘 모르지만 서로 다른 그리고 중요성도 다르지만 분명한 것은 욕심, 지나침, 불안, 두려움, 조바심으로부터 온 것임에는 틀림없는 사실입니다.

다시 말하면 현대인들은 뭉크의 절규를 스스로 하고 싶은 그 마음을 절제하고 있는 듯한 모습입니다. 자신들이 그토록 원하고 바랬던 자리를 빼앗길까 봐 두려움과 불안에 허덕이는 마음의 여유나 강함이 없는 연약한 마음으로부터 성급함이 양성되고 있는 듯도 합니다.

이들을 향해서 에크낫 이스워런은 『마음의 속도를 늦추어라』(바움)에서 '현대인들의 마음의 시계'를 느리게 돌려놓기를 주문하고 있습니다. 동시에 "서두름 없이 마음의 여유를 지니고 사색을 경험하며 그 안에서 자신의 삶의 가치와 행복을 충분히 점검하면서 살아가는 동역자들이여! 우리는 지금 어떤 길을 걸을 것이며 어떤 모형을 취하며 살기를 원하는가?"라고 묻고 있습니다.

천천히 걷고 생각하고 그 가운데서 쉬 놓치게 되는 삶의 목적 혹은 방향 그리고 가치와 의미를 천천히 되새겨감이 유한한 우리네 인생을 행복하게 살아내는 지름길임을 기억하고 좀 더 천천히 그리고 느리게 살아가는 일을 선택하며 살기를 부탁드립니다.

셋째로는 나를 위로하는 정신을 찾아서 나가는 용기와 결단입니다

권준수 박사가 지적한 바와 같이 '왜, 나는 나를 피곤하게 하는가?'의 답변을 스스로 내면서 조금은 나를 위로할 줄 아는 정신, 나를 칭찬하고 안식을 경험할 수 있는 공간과 문화를 스스로 남기며 제공해 주는 열심과 여유와 관심 영역을 확대해 나가는 훈련을 하실 수 있기를 바랍니다.

내가 나를 학대하거나 방치시키거나 함부로 대한다면, 경쟁체제로서의 이 시대는 나를 아주 표독하게 다룰 것이며 마치 헌신짝 다루듯 할 것이며 나를 넘어뜨리고 자신의 먹잇감으로 삼기 위해서 호시탐탐 노리게 될 것으로 잊지 마시기를 원합니다. 이것은 곧 자존감과 직결된다고 할 수 있습니다.

그러나 대부분 현대인은 자존감이 아닌 자존감에 미치지 못하는 자기 사랑의 일환으로 자존심을 내세워 스스로 갈등을 유발하거나 성장하지 못하고 미숙아로 생을 마감하는 경우가 있습니다.

우리는 성장과 함께 성숙해야만 합니다. 그래야 큰일을 할 수 있으며, 중요한 일을 감당할 수도 있는 것입니다. 또한, 위대한 일을 해낼 수 있게 되는 것입니다. 그것이 능력입니다.

나를 위로하고 힘을 공급하는 그 능력과 따뜻한 배려심을 찾아 어디든지 여행을 나서야만 합니다. 그냥 머물러 게으름을 피우고 잠들어 있게 된다면, 타인들도 나를 인정하지 않을 뿐 아니라 사랑하지도 않게 됩니다. 그런 내가 할 수 있는 일은 세상에 아무것도 없습니다. 그런 내가 이루어 놓은 일은 세상 사람들에게 전혀 쓸모없는 일이 되어 그 누구도 거들떠보지 않게 되는 고물 취급당하고야 말 것입니다.

CF. 6.

참된 리더로서의 자질과 인격을 갖추고 시대를 바라보자

대한민국의 오늘 상황을 가만히 보면 리더의 부재로 인한 혼란과 불신과 미래의 발전을 위한 어려움을 톡톡히 겪고 있습니다. 이는 리더의 부재 및 자격 미달로서의 리더의 '인격', '자질' 그리고 그들의 정신세계가 불온하고 어둡고 답답해서 도무지 희망이 보이지 않는 것 같아 안타까워할 수밖에 없습니다.

리더 부재의 적신호가 켜진 곳은 정치계뿐 아니라 기업 총수들과 종교 리더들을 비롯하여 크고 작은 단체장에 이르기까지 대동소이하다고 봅니다. 더욱이 심각한 것은 미래의 일꾼들을 양성해야 할 교육계와 영혼의 위로와 함께 내세적 소망을 품고 선의 규모 있는 삶으로 나감은 물론 이끌어야 할 종교 지도자들에게 있어서까지도 문제의 심각성이 드러난다는 것은 참으로 우려스러운 불안의 연속이 아닐 수 없습니다.

저는 30년 이상을 직장인으로 재직하면서 생존게임 현장에서 사회를 진단해 오고 있다고 말씀드린 바 있습니다. 그 모든 진단의 결과물들을 시문학의 주제로 삼아 치열하게 작품을 써 오고 있으며, 또 다른 진단 결과물을 가지고 작품으로 승화시킨 시인, 작가들, 인문학자들의 작품을 대상으로 평을 하는 문학평론가로서 삶을 살아오고 있습니다. 이외에도 우리 영혼의 건강을 위할 목적으로 시 치유연구소를 운영하고 있습니다.

이 글이 어느 문학 혹은 다른 장르 어디쯤 놓여야 할 것인가는 그렇게 중요하지 않습니다. 어차피 모든 문학작품으로서의 성과와 문학 이론이 사회 그리고 불특정 다수의 구성원으로서의 독자들을 위함이라고 할 때, 장르의 구분행위는 그렇게 중요하지 않다고 생각합니다. 그뿐만 아니라 장르의 경계를 넘나들었다고 해서 부담스러워해야 할 일도 아니며, 의기소침해야 할 이유는 더더욱 아니라고 봅니다. 다만 한 개의 빌딩을 중심으로 한 시대 읽기에 관심을 두고 살아온 인문의 탐험가 정도로만 이해해 주셨으면 좋겠습니다.

분명히 어딘가에 잘 알려지지 않았을지라도 이 시대 각 부분을 이끌어 갈 숨은 그러나 성실하고 순수한 열정을 품은 능력 있는 리더들이 있음을 믿습니다. 그들이 겸허한 마음으로 전면에 드러나 있지 않을 뿐이지 그들은 도처 어느 곳에서 사회의 불의와 싸워 가면서 지구의 오늘과 내일을 염려하면서 조용한 행보를 하고 있으리라 믿습니다. 그들의 숨은 공로에 의해서 한반도는 거뜬히 지탱되고 있으며, 발전이란 목적성을 가지고 앞으로 전진 또 전진하고 있다고 확신합니다. 요란을 떨거나 앞에서 진두지휘하려는 탐욕에 젖어 있는 그 누가 아닌 진정한 숨은 일꾼으로서의 그 리더를 사랑하고 기다리는 이유이기도 합니다. 그 필요성을 생각해 보기로 하겠습니다.

첫째로는 이 시대는 영혼을 움직이는 리더들을 필요로 한다

정치인들은 권력을 앞세워 리더십을 과시하려고 안달을 부립니다. 자신들의 감투 의식으로 자신들의 부정을 감추려고 온갖 인맥과 권력과 명예와 술수를 동원하고 있음을 봅니다. 기업 총수들은 재력을 총동원하여 직원과 근로자와 고객들을 상대로 갑질을 횡행하고 있습니다. 교수들이나 가르치는 자들은 자신의 지식을 재산 삼아서 많은 사람 앞에 군림하려고 애를 쓰고 있습니다. 그런가 하면 종교 리더들은 의미심장하기는 하나 내세적 소망과 신념을 신앙으로 포장하여 신도들을 현혹하거나 포로화 시켜 절대자를 자신들의 목적성 뒤에 숨겨두고 아무렇지 않게 혹은 경건한 척 생활하고 있습니다.

이 모든 그릇된 리더들은 매우 잘못된 혹은 굴절된 인격의 소유자요 가치관을 지닌 유사성, 사이비성 리더 유형의 반열에서 머무는 이들의 예입니다. 그들에게는 진실성과 순수성과 정확성이 보이지 않은 까닭입니다. 물론 진정성과 순수성을 가지고 있는 각종 분야의 리더들을 상대로 한 것이 아님을 이해하시기 바랍니다. 어느 분야이든 그릇된 삶의 원리에 매몰되어 문제를 야기시키는 이들로 인해 그 나라와 각종 공동체가 홍역을 톡톡히 치르고 있다는 점에서 참으로 안타까울 뿐입니다.

세상을 어둠의 영역에서 햇빛 찬란한 영역으로 끌어내기 위해서는 권력과 재력과 지식과 내세적 위엄을 무기 삼아 폭력으로 응대하려 하는 사이비성, 굴곡 된 인격의 소유자로서의 리더 유형의 사람이 아닌, 진실되고 순전하며 동시에 사람을 소중히 여기는 그런 참된 리더들을 필요로 한다는 점에서 우리는 충분히 건강한 영적 분별력을 지녀야 함에는 추호의 이의가 없습니다.

그런 일을 하기 위해서 부름(calling)을 받은 리더를 향하여 '영혼을 움직이는 리더'라고 호명할 수 있겠습니다. 그런 부류의 리더야말로 참된 공동체를 위해서 헌신하는 사람이며 또한 그 공동체의 가치 목적을 위해서 솔선수범하여 선을 추구하며, 동고동락하는 진실되고 참된 성품과 인격을 지닌 사람들임이 틀림없습니다. 그들은 결코, 요란하지도 않고 잠잠하여 행동으로 보이는 숨은 일꾼이며, 자신을 드러내 보이기보다는 그들의 행실이 하도 올바르고 깨끗하여 타인의 눈에 띄어 리더로 호출받거나 부름을 받게 된 경우의 사람들입니다. 우리는 이런 이들을 향하여 영혼을 살리는 진정한 리더라고 부릅니다.

자신이 자신의 잘못을 덮고 호인인 척하는 포로파간다식 선전으로 자리를 점유하거나 그 권좌를 유지하려고 한다는데 그 나라, 그 시대의 불운을 묻지 않을 수 없습니다.

커트 센스케는 저서 『영혼을 움직이는 리더』(황금부엉이)에서 리더십의 황금률로써 참된 리더의 삶을 살기를 원하거나 그렇게 되기를 원하는 많은 사람에게 다음과 같이 부탁을 하고 있습니다.

"사람이 자신의 행동 양식을 변경하려면 먼저 내면부터 변화시켜야 한다. 리더는 목적지가 아니라 여정이며 머리로 아는 지식이 아니라 가슴으로 느끼는 지식인 것이다. 결론적으로 영혼을 움직이는 리더는 절대적으로 신뢰를 할 수 있어야 한다. 즉 직원들에게 좋은 역할로서의 모델로 인정을 받아야 하고, 그들과 신뢰를 바탕으로 하여 유대가 이루어져야 한다."

"직원을 진정으로 신뢰한다면, 그 직원이 적절한 자질을 지니고 있다고 생각한다면, 그들에게 적절한 지원을 해주고 싶다면, 그 직원 현재의 위치에서 기대할만한 책임보다 더 많은 책임을 주는 것은 그에게나 조직에 득이 된다. 가정생활과 직장생활에 균형을 이룰 수 있도록 최선의 여건을 만들어 주기 위해서 노력해야 한다고 한다."

충분히 동의하는 바라고 할 수 있습니다. 이런 기업이라면 누구인들 그 직장을 위해서 자기 헌신을 아끼겠습니까? 누가 감히 정신병원으로서의 직장을 비유하겠습니까? 스트레스의 온상으로서의 공동체라며 매일 매년 이탈이나 탈출을 꿈꾸겠습니까? 이직이나 사표, 죽음, 폭력 등 돌출반응의 유혹에 빠져 살겠습니까?

어려움이 닥칠 때마다 언제나 리더를 찾아가서 고민을 털어놓고 상담하여 자신의 미래를 재설정하고 유익한 삶과 직장생활로 이끌어드릴 그런 관계성이 시급한 것이 바로 오늘날입니다.

그런데 슬프게도 그런 리더가 우리의 눈앞에 잘 보이지 않다는 것이고, 우리의 공동체가 무의미 상태에 직면하여 어려움을 느낄 때, 아무리 찾아도 만날 수 없는 희소성의 대상으로 그의 실체를 소리높여 불러야 할 그런 시대에 직면해 있습니다.

이러한 원리는 비단 그릇된 리더 유형의 사람들에게만 해당되는 것이 아니라, 분별력과 통찰력을 잃고 무작정 감성과 소문과 자기의 불만족한 삶을 대변 해 줄만한 그 어느 한 사람이나, 사회를 향한 자기 부정 의식이나 불만족스러운 사상이나 생각들을 대변하여 울어주거나 응징해 줄 간접적인 대상으로서의 그들을 추종하는 중심 잃고 방황하는 사람들에게도 동일하게 해당되는 문제입니다. 우리는 이렇듯 거짓으로 자신의 치부를 가리거나 언어, 행위로서의 폭력을 무분별하게 남발하는 사람을 리더로 맞이하는 잘못을 저지르지 않기 위해서 스스로 인문학적 소양 배우기를 멈추어서는 아니 됩니다. 그 사실을 명심 또 명심해 주시기를 부탁드립니다.

둘째로는 사람을 모이게 하는 리더, 사람을 살리는 리더가 필요

한 시대입니다

정치계뿐만 아니라 종교계를 보면 확실하게 드러나는 부분입니다. 갈라치기, 분파, 자기편들을 눈에 보이게 등원시켜 세력을 구축하려는 행위 등이 바로 그 예입니다. 이로 인해서 사람들이 갈라지고, 떠나는 등 파급효과로 인한 후폭풍이 여간 강하고 시끄러운 것이 아닙니다. 그 문제로 인해서 한 개의 공동체가 풍비박산 그 책임에 휘말리는 경우가 흔하다는 것도 사실입니다.

정영진 박사는 『사람이 모이는 리더 사람이 떠나는 리더』(리더북스)에서 긍정적인 말로 구성원들을 이끌라고 조언을 하고 있습니다. 즉 삶으로 가르치는 것만이 남는다는 말과 함께 지식이 아닌 인격적인 리더십을 원하고 바란다는 것입니다. 조금 지적이지 못한 것은 크게 문제가 되지 않습니다. 가장 인간적인 순수성을 바탕으로 사람들을 이끈다면 그 누구도 자기주도적 방침을 설정하고 추구하는 데는 아무런 문제가 일지 않게 된다는 것입니다. 그 중심에 두게 될 참된 인격의 소유에 대해서 빼놓지 않고 당부를 하곤 합니다.

데이비드 호킹 역시 그의 저서 『사람이 따르는 지도자』(생명의 말씀사)에서 많은 단체와 지도자들이 좋은 전략을 세우지도 않은 채 움직이고 있다고 지적하고 있습니다. 그들은 마음속에 단 하나의 목표만을 설정하고 있을 뿐이라고 합니다. 그들은 단지 현재의 문제점과 필요만을 취급하려고만 합니다. 그와 같은 단체는 "정기적인 질병"을 앓게 됩니다. "정기적인 질병"이 아닐지라도 적어도 어떤 병이라도 분명히 "앓기는" 한다고 합니다.

어디로 왜 가는지를 알지 못하고 가는 공동체도 건강하지 못하다고 말합니다. 그러기에 지도자들은 좋은 전략을 수립하고 구성원들을 올바른 곳으로 인도하기 위해서 애써야 한다고 긍정적 목적성과 긍정적 방향 설정에 대해서 강조하고 있습니다. 그들은 단 하나의 인격체가 아닌 단체라는 공동체의 리더이기 때문이고, 그 많은 사람의 행복과 복지를 책임져야 하는 상징적인 인물이기 때문에 더더욱 건강하고도 궁극적인 계획을 수립해야 하는 것이 맞습니다. 그때그때 당면한 과제만을 급하게 해결하는 일시적 방법만을 가지고서는 공동체 일원들을 크게 만족시킬 수 없다는 말이기도 합니다.

세상은 결코 독불장군이 리드할 수 있도록 구성되지도 않았고, 그들에게 절호의 기회도 주어지지 않습니다. 더욱이 요즘은 관계성, 서로의 인권을 중요하게 여기는 분위기인지라 그런 사람들은 환영을 받지 못하는 분위기입니다. 그럼에도 불구하고 완벽주의를 추구하는 리더들은 마치 독불장군식의 카리스마로 조직을 이끌려고 고집을 부리는 데서 사람들은 떠나고 있으며, 그 공동체의 건강성을 잃게 하는 주범이 되고 있습니다. 바로 이와 같은 상황에서 문제의 심각성이 노출되고 있음을 우리는 기억하고 건강한 비전의 소유를 통하여 맡은 바 리더십을 잘 발휘

할 수 있기를 거듭 부탁드립니다.

그럴 때, 군중과 회중과 국민은 그 한 사람의 리더십으로서의 능력을 신뢰하고 저마다 맡겨진 직무에 최선을 다하게 되는 것입니다. 그들은 자신이 탈환한 권력과 명예와 물질축적의 원리에 입각한 부가 아닌 국민이 군중들과 회중이 세워 주고 채워주어야 비로소 건강한 자아를 지닌 리더가 되는 것입니다. 그런데 아쉽게도 세상은 결코, 그렇지가 않다는 데서 우려가 노출되는 것입니다.

그 나라의 부국강병과 국민의 행복을 저울질하여 리더십의 건강성을 발견한다면, 그 나라 국민과 공동체의 구성원들은 두말나위 없이 행복과 행복을 찬미하게 될 것입니다. 그런 나라가 되기를 기원 드리는 이유입니다. 이 나라는 과연, 정치와 종교와 교육 그리고 경제계를 통하고, 문화 현장에서 그런 리더를 만났는가? 그런 리더를 지니고 있는가? 묻지 않을 수 없습니다.

셋째로는 공동체의 궁극적 목적과 구성원들을 위해 목놓아 울어야 할 리더들이 필요한 시대입니다

그릇된 가치관을 지닌 리더들은 필요할 때는 공동체 일원들을 외면하고, 모든 과오는 그들의 잘못이나 제삼자의 책임으로 돌리고, 자신은 의로운 척 간사한 짓거리들로서의 탐욕의 산물을 챙기는 경우가 쉬 목격됩니다.

오래지 않아서 그 책임 부재로 인한 부정적인 현상은 폭로가 되고 이윽고 반갑지 않은 모습으로 법적 책임을 묻는 등 아주 부끄러운 모습으로 공동체 구성원들과 뭇 국민 앞에 서서 법적 책임을 묻고 과오를 진술하도록 종용하는 웃지 못할 모습들이 흔하게 목격되는 시대입니다. 그에게 아픈 상처가 남았을지라도 남겨진 이웃하는 이들이 이구동성으로 그의 아픔을 위로하고 공감하는 그리고 죄에 연루되었을지라도, 그의 결백을 위해서 애쓰는 공동체 일원들의 진정성 깊은 항변이 선행되고 그 발언과 삶으로서의 행위를 끌어내는 그런 리더라면 무슨 문제가 있겠습니까?

일전에 모 종교 단체에서의 예를 하나 들어 볼까 합니다. 참으로 슬픈 현실이자 사건이 되어 그 단체에 일순간 몸담아왔던 사실 하나만으로 부끄러워 고개를 들 수 없을 지경입니다.

검증되지도 않은 뒤에 알려진 사실에 의하면 요즘 한참 유행하던 표절 시비에 연루되었으며 동시에 인격의 파탄자로서의 자신을 지식인으로서와 세계적 석학으로 완벽하게 포장하고도 아무렇지 않은 듯 행세하는 전형적인 소시오패스 군의 그와의 관계성으로 인하여 혹독한 시련을 겪어야만 했던 종교 기관을 잊을 수 없습니다. 그의 비리가 세상 언론에 특보로 실릴 만큼 세상을 어지럽혀 온 사실이 뭇 세상에 알려진 현상을 기억하면 고개를 들 수 없을 정도로 부끄럽고 창피하여 낯을 들 수가 없는 지경에 이릅니다.

공동체원들의 피와 같은 혈세가 천문학적 액수의 법적 소송비로 지출되는가 하면, 자신이 급여로 받아 가는 액수가 중소기업 대표의 액수를 능가하는 금액이며, 자기 자녀의 학자금까지 공동체원들의 부담이 되고 있고, 차량의 교체에도 상당 부분의 비용을 지급해야 하는, 그 단체의 특성을 고려할 때 존재해서는 아니 되는 부정적 공감이 지배적인 그 당시의 모습을 보면서 안타까움을 훨씬 웃도는 반감에 못 이겨 몇 번이고 걸어서 귀가해야만 했던 지난 역사의 순간을 잊을 수 없습니다. 여전히 그들의 부정적 교만한 행위는 여전히 진행되고 있다는 것입니다. 그 측면과 중요성을 강하게 띠었다는 것 하나만을 놓고 볼 때 신 앞에 통곡을 동반한 눈물로 회개와 기도하지 않을 수 없습니다.

정신적 참된 리더는 이들을 위해서 목 놓아 울어야 한다는 말입니다. 리더라 하면 반드시 구성원들이 있어야만 호명되는 것이 아닌 정신적 즉 인문의 정신을 지닌 사람들 즉, 그 정신을 가지고 가정과 이웃과 조국과 인류를 위해서 기도하는 마음으로 건강성을 염려하여 간구할 때 그들이야말로 진정한 리더라고 할 수 있는 것입니다. 그들의 눈물이 빛을 보일 때가 분명 있기에 우리는 여전히 희망의 등불 아래서 미래를 위해서 노래를 멈추지 않아야 하는 이유입니다.

어디 이뿐이겠습니까? 대한민국이 극명하게 처한 정치적 현실을 다시 한번 생각하지 않을 수 없습니다.

대한민국에는 진정한 보수와 진정한 진보가 존재하는가는 묻지 않을 수 없습니다. 이는 달리 말하면 진정한 정치인들이 있는가라는 질문으로 대체할 수도 있습니다. 국민과 국가를 위하여 정치하겠다는 사람이 좀처럼 보이지 않는다는 것이기도 합니다. 이는 2001년~2008년까지 한미우호협회 회장을 지낸 박 근 명예회장이 그의 영어로 된 자서전에서 한 말입니다.

참된 리더들은 다 어디로 갔는가? 이 아우성이 정신이 살아있는 국민에게 강하게 그리고 빈번하게 회자(回沓)되고 있는 안타까운 현실을 저들은 외면하고 있다는 점에서 분명 저들은 국민과 국가를 위하고 대표하는 정치인들이라고 할 수 없습니다.

자국의 장수 원균으로부터 모함을 받고 귀향을 다녀온 후 백의종군(白衣從軍)하여 조국을 구한 성웅 이순신 장군과 어리석은 백성들과의 소통을 염원하여 훈민정음 한글을 창제한 세종대왕과 조국의 미래를 염두 하고 탐구한 과학자 장영실과 이방원의 하여가(何如歌)에 대한 답변으로 단심가(丹心歌)를 부르고 순절한 정몽주와 시대 절체절명의 시기에도 의를 위하여 순절한 사육신(死六臣)으로서의 선비들과 자국의 총탄에 쓰러진 백범 김구와 안두희에게 정의 봉을 가한 46세의 박기서를, 조국의 독립을 위해서 물심양면으로 애쓰신 도산 안창호와 조국의 해방을 위해 몸 받쳐 헌신한 저항 시인 한용운과 이상화와 윤동주와 이육사와 동료 문인들을 그리고 3·1 만세를 리드한 유관

순 누님과 농촌부흥을 주도한 심훈과 최영신을 정의의 언론인 장준하와 인권을 위해서 순절한 조영래 변호사 등 모두가 그리운 시절입니다. 그들이 가시고 난 그 자리를 채워야 할 지식인들은 다 어디로 갔습니까?

자질과 인격을 갖추지 못한 사람들이 리더가 되려고 일정 과정을 마치거나 자신들의 두뇌만을 의지하여 대중의 대표성을 띤 까닭에 희망의 불빛은 점점 더 희미해져 가고 있지는 않은지 깊이 있게 반성해 봄 직한 그런 가슴 아프고도 심각한 시대가 아닐 수 없습니다. 그런 기회주의자들을 향하여 성구의 메시지 하나 남겨 드립니다.

"내 형제들아 너희는 선생 된 우리가 더 큰 심판을 받을 줄 알고 선생이 많이 되지 말라." (야고보서3장 1절)

백범 김구 선생에게 묻는 말("당신은 무엇이 되고 싶은가?")에 답변이 오늘날의 정치를 한다고 하는 그리고 골수분자가 되어 중심을 잃은 많은 사람의 심금을 울리거나 쪼갤 수 있는 함성이 되어 들려지기를 원합니다.

"나는 내 나라, 해방된 조국의 문지기가 되기를 원하오. 거듭 바라고 바라건데, 해방된 조국의 문지기가 되기를 원하오!"

그 나라에 국민으로서의 참된 리더가 있다면 그 나라는 분명히 말하건대, 부국강병국가가 되고 평화와 안보가 확실히 설 것입니다. 그리고 어느 공동체이든지 신실하고도 능력 있는 리더가 세워진다면 그 공동체 역시 궁극적 발전은 불을 보듯 뻔하게 열릴 것입니다. 가정도 그렇고, 사회도 그렇고 어디든지 동일한 은혜를 입게 되는 것입니다.

〈우리의 삶을 물어 가는 겸손한 삶을 위한 시〉

길 / 신경림

사람들은 자기들이 길을 만든 줄 알지만
길은 순순히 사람들의 뜻을 좇지는 않는다
사람을 끌고 가다가 문득
벼랑 앞에 세워 낭패시키는가 하면
큰물에 우정 제 허리를 동강 내어
사람이 부득이 저를 버리게 만들기도 한다
사람들은 이것이 다 사람이 만든 길이
거꾸로 사람들한테 세상 사는
슬기를 가르치는 거라고 말한다
길이 사람을 밖으로 불러내어
온갖 곳 온갖 사람살이를 구경시키는 것도
세상 사는 이치를 가르치기 위해서라고 말한다
그래서 길의 뜻이 거기 있는 줄로만 알지
길이 사람을 밖에서 안으로 끌고 들어가
스스로를 깊이 들여다보게 한다는 것은 모른다
길이 밖으로가 아니라 안으로 나 있다는 것을
아는 사람에게만 길은 고분고분해서
꽃으로 제 몸을 수놓아 향기를 더하기도 하고

그늘을 드리워 사람들이 땀을 식히게도 한다
그것을 알고 나서야 사람들은 비로소
자기들이 길을 만들었다고 말하지 않는다

이 글을 마무리하며

이 글은 지금까지 지내온 직장생활 30년의 과정을 통하여 보고 듣고 느끼고 깨달은 그리고 인문학 분야에서의 삶을 병행하여 오면서 조국을 염려하고, 중년들의 삶과 특히 직장이라는 공간에서 생활하는 가장들의 삶과 주변 인물들과 자녀들의 미래를 염려하여 메모해 둔 것들을 중점적으로 사유하며 기록으로 남긴 것입니다.

30년을 한 분야 '빌딩 매니저'로 살아오면서 사회의 축소판이랄 수 있는 많은 성향의 것들을 보고 깨달아왔습니다. 아무래도 다른 분야의 것보다는 본인이 생활해 온 생계 터전이란 현장을 중심으로 사유의 과정을 확대시켜 나가야 가장 수월하면서도 효율적이다 싶어서 빌딩 중심에서 활약해온 셀러리맨들과 경영자들의 생활상과 빌딩 내부와 외부에서 일어나는 인간문화를 중심으로 단상을 마련했습니다.

문명의 대표적인 상징으로 역시 빌딩, 건물을 말할 수 있겠고, 그 안에서 일어나는 명암(明暗)을 가로지르는 온갖 사건 사고들 역시 적지 않다는 점을 감안 할 때, 주제는 잘 선택했다고 생각합니다. 문명은 21세기에 있어서 꼭 필요한 발전과정이라고 할 수 있습니다. 반면에 이로 인하여 발생하는 인간의 가치와 의미 그리고 개별적 자아와 관계성을 놓고 볼 때 심각성 또한 발전 못지않게 중요하다고 봅니다.

빌딩을 매개로 한 종사자들과 이와 관계된 수많은 사람이 소유주로서의 임대인과, 단기간의 업무가 필요한 임차인으로서의 만남이 이루어지고, 종사자들과 제 삼각관계를 맺게 되고 또 관계하는 전문 업체들을 비롯하여 유기적 공동체를 이루고 살아오고 있음을 감안 할 때, 이 장소를 중심으로 문명의 장단점을 생각할 전진기지로 삼았음을 다행으로 생각합니다.

가능한 한 건축가의 감성철학과 발전이란 명목 아래 함몰시켜야만 했던 대중적 이미지로서의 완공되어 생활공간이 된 건축 내부와 외부의 삶에서 보이던 아쉬운 점은 나름 전문가의 의견을 들어서 소개하였으며, 또한 그에 공감하는 필자의 인문학적 정신세계와 의견을 덧붙여 기술했습니다. 이 의견을 병행하면서 아쉬웠던 점이 있다면, 이론과 현실적 발전이란 삶의 지형이 만들어 놓은 괴리감을 어떻게 설명하고 현실적 삶에 적용, 대안을 찾아가야 하는가에 대한 확실한 해결점을 찾지 못하였다는 것입니다. 여전히 갈등하고 있는 수준에 머물러 있음이 절대적으로 고민거리 중 하나라는 것을 말씀드리고 싶습니다. 이미 문명에 마음과 영혼과 몸이 깊이 젖어 있기에 극복 가능성이 있을

지는 여전히 의문입니다.

사실 이 책에서 또 다른 목적성을 추가하여 다루었다면 종사로서의 중년들의 삶의 현재와 미래에 대해서와 이 나라 리더들의 자질에 대해서 다루고 싶었으며 참된 인간들의 가치관의 양상에 대해서도 이야기 하고 싶었습니다. 어쩌면 필자가 일방적으로 진술하기보다는 질의하고 묻는 '말 걸기' 형식의 응답 원리를 취하고 싶었다고 말씀을 드립니다. 그러니까 이 책을 읽으시는 독자이자 동료들은 이 책을 읽으면서 혹은 읽고 난 후 어떤 방법으로 이 말 걸기에 답을 하실 수 있기를 바랍니다. 필자에게만이 아닌 이웃하는 동료들과 가족들 그리고 나 스스로 이 같은 질의를 하고 답방 형식을 취한다면 분명 이후의 삶은 질적으로나 양적으로 향상되고 나아질 수 있다고 확신합니다.

우리나라는 이런 대화 형식의 학습이 상당히 부진하거나 전무 하기에 전 세계적으로 경쟁력이나 가치 철학을 놓고 논의하는 부분에 있어서 열악할 수밖에 없습니다. 그뿐만 아니라 어려움이 있거나 중요한 사항을 놓고 토의에 들어갈 때나 심도 있는 논의 후 결과물을 돌출하거나 시시비비(是是非非) 선상에서 올바른 결론을 돌출시킬 때도 다툼이 아니라, 인정하고 끊임없이 좁혀가는 그래서 긍정적 결과를 얻어 낼 수 있는 여유와 참된 관계성을 취할 수 있었으면 합니다. 많은 사람이 자기 인생의 앞일도 제대로 할 수 없는 지경에 빠질 만큼 열정과 동기부여가 되는 기동력을 잃고 말았습니다. 단순히 틀림과 다름의 원리를 혼돈시켜 법정 공방이나 개인의 정신적 트라우마의 원인자가 아닌 건설적인 방안을 구축하고 개진하는 의미 있는 선택과 집중적인 삶으로의 발전을 기대하기가 절대적으로 필요한 시대임에도 불구하고 그 원리가 제대로 통용되지 않는 아쉬움도 크게 품고 있는 지경입니다.

그렇다면 이 글을 쓴 필자는 더 이상 많은 기대를 하지 않고도 만족스러울 수 있겠다고 말씀드릴 수 있습니다.

거듭 부탁드리기는 이 글 역시 전업 작가로서의 충분한 시간과 장소를 할애받아 자료를 준비하고 정보를 입수하여 쓴 것이 아닌, 주경야독(晝耕夜讀)하여 쓴 것임을 말씀드립니다. 그만큼 부족한 점도 많이 있음을 양해 부탁드립니다. 단 하나 자신 있게 말씀드리는 것은 모든 것이 현실이라는 실전에서 생활하고 아파하고 슬퍼하며 외로워하고 고독해 하면서 또는 분노하면서 길어 올린 산물이라는데 조금이라도 공감이나 위로를 함께 할 수 있었으면 합니다.

이제는 조금은 두 발 길게 뻗고 쉬고 잠들 수 있겠습니다. 항상 대한민국의 현 사회가 병적으로 진단을 받아야 하며, 좀처럼 나아질 기미를 보이지 않는 인간관계의 안타까운 모습을 목격하면서 40여 년 써 온 '일기'와 열세 권의 '시집'과 여섯 권의 '수필'과 '산문' 그리고 한 권의 '칼럼집'과 각종 신문과 잡지와 동인집에 게재했던 작품과 글들로도 위로 삼지 못한 현장의 소리를 직설적으로 써 한 권의 도서로 묶게 되었음에 안도의 한숨을 몰아쉴 수 있게 되었다고 봅니다.

더욱이 셀러리맨으로서 안타까운 현실과 기형적인 기업윤리와 병적인 정치 그리고 각종 사회의 현상들로 인하여 숨죽여 아파해 온 소시민으로서의 동료들의 소리를 모아 들려주는 상징성 깊은 글을 한 권의 도서로 묶었다는데 나름대로 의미를 두고 싶습니다.

많은 강의 시간과 토론의 시간을 통해서 가끔은 현실적인 문제와 대안을 제시하곤 했지만, 여전히 피부에 와 닿지 않아 이번에는 직접 셀러리맨의 상징적 성격이 짙은 사회 매체의 도움을 받아 이 도서를 출간하기에 이르렀음 또한 다행스럽다 여기며 감사를 드립니다.

항상 마음속 깊이 새기면서 살아오는 이야기를 다시 한번 고백하면서 이 글을 마칠까 합니다. 시대는 독불장군식의 그 홀로 리드하면서 살아갈 수 있을 만큼 단순하지는 않습니다. 구성원들 역시 그렇게 의미 없는 삶을 살고 있다고 생각하지 않습니다. 얼마든지 형이상학적인 인생을 추구하는 에너지로서의 지혜와 용기와 비전이 있고 궁극적 선택과 집중적인 삶을 살아가는 사람들이 많다는 증거입니다. 겸손으로 허리를 동이고 서로 협력하여 자족하면서 건설적인 발전을 기대하면서 어깨를 나란히 할 때, 건강한 자아, 건강한 사회, 건강한 민족이 되는 것임을 잊지 않으시기를 바랍니다.

전에도 말씀드렸지만, 문명은 항상 두 가지의 얼굴을 가지고 있습니다. 발전이란 편리성이 있기는 하지만 동시에 그 편리성 내지 문명의 이기가 몰고 온 상처도 적지 않다는 것입니다. 문명의 감옥에 갇혀 살아가는 사람들이 많다는 것입니다. 주거 공간이라기 보다는 재산축적의 투기성 중심에 놓여 있는 것도 빌딩이고, 절도나 파괴, 화재, 또 다른 피해를 예방한다는 명분으로서의 시건장치나 폐쇄 장치가 단단히 장착된 공간에서 모두가 갇히거나 스스로 감시를 당하면서 살고 있으면서도 만족스러워하는 듯하지만, 그 내면은 불안과 두려움과 부자유하다는 잠재적 아우성을 호소하고 있음이 삶의 내면과 이면의 충돌로 이어진다는 것을 기억하십니까? 또한, 인간 간의 관계성의 급격한 모순의 덩어리를 양산해내고 있다는 사실에 얼마나 동의하십니까? 세상의 모든 집과 건물들은 인간이 살기에 편리하게 지어지는 것이 원칙이지만 오늘날의 건물은 과연 그렇다고 내면과 이면의 일치를 끌어낼 만큼 자신 있게 대답할 사람들이 있기는 한 것입니까? 모든 것이 물질에 국한 시켜 상품화 취급당하는 것에 마음을 모두 빼앗겨 버리고 말았다는 증거가 도처에서 들려오고 있음을 우리는 스스로 불안 요소에 담아 하늘로 띄워 보내기에 급급해 있습니다. 또한, 구덩이를 파고 그 대지 깊숙이 묻어 눈에 뜨이지 않게 하려고 야단법석을 떨고 있습니다. 당장 눈에 보이지 않으면 그나마 안도가 된다는 착각 속에서 말입니다. 분명한 것은 그 모든 것이 자신을 속이고, 타인들을 속이고 있다는 것 자체도 알지 못하고 있다는 것을 알지 못하고 살아가고 있는 것입니다.

하나의 예로 정기용 건축 작가는 그의 저서 『건축과 사람 도시』)에서 고백한 다음의 글에서 해답으로서의 우리의 정체성의 모순을, 그리고 그 모순이 우리 인간을 망가뜨리고 있음을 발견하게 해준다는 기대감을 줄 것이라고 기대를 걸고 있는 듯합니다. 이것이 오늘날 대한민국의 주거문화 혹은 빌딩을 중심으로 벌어지고 있는 인간의 가치를 함몰시키는 증거물로 보면 하나도 틀린 말이 아닙니다.

"사람들은 이제 어느 동네에 살고 있다기보다는 재벌회사들의 이름 속에 살고 있고 그것으로 자신들의 주생활을 저당 잡혀 있는 셈이다. 도대체 어느 나라 사람들이 어디 사느냐고 물으면 "나는 현대에 살고, 너는 삼성에 살며, 그 친구는 대우에 살고, 저 친구는 우성에 산다"라고 말할 수 있단 말인가! 동네가 아니라 대기업체의 이름 속에 당당하게 살기 시작하면서부터 이루는 각자의 삶을 살기보다는 상품(집이라는)을 소비한다고 말할 수밖에 없다고 생각한다. 이것은 과장된 표현이 아니라 그동안 지은 수많은 아파트의 실내를 들어가 보면 더 명백해진다. 가전제품과 인테리어 풍경, 국적을 알 수 없는 가구들, 과학이란 이름으로 판매되는 침대들, 그 사이를 피해 다니며 남편은 바닥에 부인은 침대에서 자는 모습들, 이런 모습들은 우리 각자의 삶 속에서 판단한 가치나 삶의 지혜로운 시간의 축적이 아니라 온갖 진열품과 상품에 밀려나 이웃과 비슷하게 사는 연습을 하고 있는 꼴이 아니고 무엇이란 말인가?"

이러한 문화가 하나둘 쌓이고 우리의 두뇌를 장악하고 영혼을 또는 정신세계를 함몰시킨다면 우리의 의식은 자연스럽게 바뀌게 되어 있습니다. 그리고 그 의식을 기초로 하여 나오는 말은 경쟁적이고 이기주의적이고 상대적 비교 선상에서 우월의식 내지 물질 독점화로 상대의 삶을 송두리째 빼앗으려는 교만과 탐욕으로까지 이어지도록 우리를 세뇌시키기에 충분한 위력과 힘을 가지고 있습니다. 이것이 바로 불행한 사회를 만들어가는 기초가 된다는 점을 잊으시면 안 됩니다. 이미 대한민국은 이와 같은 문화 속 깊이 천착해 들어가 좀처럼 헤어 나오지 못하고 있습니다.

오로지 발전이란 미명 아래 문명의 이데올로기가 문화의 지대를 형편없이 망가뜨리고 그 안에서 우울한 그리고 폭력적인 인격체로서의 우려를 안고 살아만 가고 있는 듯한 현상이 곳곳에서 눈살을 찌푸리게 합니다. 이를 통제하고 도와야 할 컨트롤타워 역할을 해야 하는 정치, 경제, 교육, 종교, 각종 문화 단체들은 이미 그 힘을 상실한 듯한 느낌입니다. 이러한 그릇된 개념이 우리의 문화와 인성과 관계성까지 송두리째 바꿔놓아 문제가 심각하다고 할 수 있습니다. 저는 이 책에서 그 문제를 발설하고, 그 문제의 숲에서 맑고 푸른 하늘을 마음껏 바라보자는 취지로 이 글을 준비했음을 말씀드립니다. 문명의 최대 자산인 듯

착각하는 IA(인공지능)이 발달 되면서 인간이 설 자리에 인간의 가치가 지극히 훼손되는 것이 당연합니다. 삶의 공간마저 제한 시키는 것도 문제 중 하나입니다.

물론 전문가들은 AI가 발전한다고 해도 인간의 직업이 줄어드는 현상은 찾아볼 수 없으며 인간이 하지 못하는 일을 대체할 수 있는 가장 좋은 도구라고 치켜세우며 그들의 가치를 호도하면서 이 발전에 가속 폐달을 장착시킨 유행어를 만들어내고들 있지만, 이들을 이용할 매뉴얼이나 방법을 이해할 여력을 지니지 못한 사람들의 삶은 자연스럽게 직접 혹은 간접적으로 지배나 소외를 당할 수밖에 없게 된다는 것은 아무리 생각해도 지나침이 없는 사회적 현실로 대두되고 있습니다.

정기용 작가의 말을 한 번 더 인용하여 우리의 주거문화의 문제를 지적하고 넘어갈까 합니다. 그 이유는 주거공간문화는 우리의 생활문화뿐 아니라 정신문화마저 다 바꾸어 놓을 수 있는 재정적, 위선적 위력을 지녔기 때문입니다.

정기용 작가는 위의 같은 책에서 이 문제의 발단이 되는 문화매체에 대해서 우려 섞인 지적을 하고 있습니다.

"사실상 이 시대를 사는 우리는 진정한 삶보다는 산업사회, 봉급생활시대, 소비 사회의 여러 가능한 조합의 삶을 실험당하고 있는지 모른다. 진정한 삶이라고는 말할 수 없는 '부동산'이라는 재화로 전락했다고 해도 과언이 아니다. 따라서 지불 능력이 많은 사람과 그렇지 못한 사람의 차이는 있어도 안팎으로 드러나는 집의 모습이란 전통을 이어받고 문화적 향기를 풍기는 집이라기보다는 마치 야전사령부에 생존과 복수를 위해 마구잡이로 가설한 혼돈 자체인 듯하다. 그러나 이 혼돈과 연습 속에서 제2의 전통적 삶이 영글어 마련되는 것임에는 틀림없을 것이다. 바로 이 치열한 전쟁터 같은 삶 속에서, 시행착오와 우리의 정신이 아닌 것에서 오는 서글픔 속에서 우리는 서서히 자각증상으로 돌아올 것이다. 집이란 단지 가족이 있고 친숙한 오브제들이 있는 '장소'가 아니라 삶을 정신적으로 풍요롭게 하거나 나아가 부엌과 도시, 나아가 지구는 후손이 인간답게 살 수 있는 '공간(共間)과 공간(空間)'임을 깨닫기 시작한다면, 지금의 괴이한 소비형태들로 생겨난 환경이란 잠정적일 수 있기 때문이다."

이제 판단은 나와 여러분이 해야 할 차례입니다. 문명의 이기를 몰고 온 부류의 과학자들과 기업가들은 과학의 신기술 발전과 기업의 이윤만을 지속적으로 계산에 넣게 될 것입니다. 그들의 방식대로라면 시대는 지금보다도 훨씬 더 가파른 피라미드 형식의 지배원리에 속수무책 당하는 부류의 사람들이 기하급수적으로 늘어날 수밖에 없을 것입니다. 그렇다면 현재의 기반 시설과 정치, 교육, 종교, 문화 지대의 변동은 불을 보듯 번한 변화를 가져올 것입니다.

그래도 과연 여전히 현재 문명의 이기적 지대로부터 우리의 삶은 안전한가? 그리고 우리의 인간 됨은 여전히 문제가 없는가? 우리의 관계성이 나은 긍정적, 부정적 시비는 해결되기는 하는 것인가? 우리는 문명의 복잡한 구조 속에서 여전히 평안하며 자유로운가? 우리는 서로를 경쟁자 삼아 지배하려고 하는 욕심과 굴욕으로부터 진정 너그럽고 자유로운가?

이 질문의 대답은 저와 여러분이 살아가면서 맞이하는 여러 가지 삶과 환경을 보면서 내야 할 것입니다.

혹 지나치게 시대를 우려한 것이 아니기를 바랍니다. 그리고 인간관계 역시 보이지는 않지만, 회복되는 조짐을 보인다는 소문이 멀리서 아른하게나마 들려오기를 바랍니다. 그래서 필자가 염려하고 분노하고 가슴 아파하던 모든 일이 순간의 기우에 지나지 않은 탄식이라는 평가를 받았으면 좋겠습니다. 꼭 그런 시대, 그런 문명이 정직하고도 진실된 그리고 삶에 유용하고도 사람의 가치를 잘 세워가는 도구로 쓰임 받았으면 좋겠습니다. 그리하여 자유롭게 날갯짓하며 창공을 날아오르는 평안과 기쁨과 행복을 경험해 보실 수 있었으면 좋겠습니다. 보시기에 심히 좋았더라고 탄성을 내 지르시던 창조주의 그 음성이 더욱 크게 울려 온 인류에서 들려질 수 있는 그리고 허리 잘린 21세기 한반도의 진통을 멈춰 줄 수 있기를 간절히 바랍니다.